全国高等院校古籍整理研究工作委员会直接资助项目


河南省教育厅哲学社会科学基础研究重大项目
"多维视域下西周两京对比研究"（2021-JCZD-22）资助成果


河南古都文化研究中心学术文库成果

东周王城出土
战国铜器铭文
整理与研究

刘余力 著

文物出版社

图书在版编目（CIP）数据

东周王城出土战国铜器铭文整理与研究 / 刘余力著. —北京：文物出版社，2022.1

ISBN 978-7-5010-7207-1

Ⅰ.①东… Ⅱ.①刘… Ⅲ.①战国铜器—金文—研究—洛阳 Ⅳ.① K877.34

中国版本图书馆 CIP 数据核字（2021）第 181604 号

东周王城出土战国铜器铭文整理与研究

著　　者　刘余力

责任编辑　王　戈
封面设计　刘　远
责任印制　张　丽

出版发行　文物出版社
社　　址　北京市东城区东直门内北小街 2 号楼
邮　　编　100007
网　　址　http://www.wenwu.com
经　　销　新华书店
印　　刷　宝蕾元仁浩（天津）印刷有限公司
开　　本　710mm×1000mm　1/16
印　　张　10.25
版　　次　2022 年 1 月第 1 版
印　　次　2022 年 1 月第 1 次印刷
书　　号　ISBN 978-7-5010-7207-1
定　　价　168.00 元

# 序　一

　　曾经就读于西北大学，现在河南洛阳理工学院工作的刘余力博士，寄来了他的书稿《东周王城出土战国铜器铭文整理与研究》，这勾起我在西北大学十余年生活和工作的回忆。西北大学是我从事高校工作起步的地方，当过老师的人都会清楚地记得最初从教的经历。西北大学的历史、校风，西北大学的课程设置、科研特点，更重要的是在西北大学遇到的十余届的同学们，给我留下了难以磨灭的印象。西北大学的学风是向上努力，西北大学的同学们也都朴实、好学，这和我后面到过的几所高校相比，形成了鲜明的特点。余力博士在离校二十余年后，获得了很大一批重要的学术成果，我粗粗地看过这部书稿，心里充满了欣慰。

　　余力博士工作在河南地区，河南依凭黄河、淮河、长江三大流域灌溉，依凭太行山、伏牛山、桐柏山几条山脉的加持，广袤的中原大地成为中华文明重要的发源地之一。从三门峡、洛阳经过郑州到开封、商丘，从安阳经过郑州到许昌、信阳，形成了中国考古学、文学大十字形"圣地"。在余力博士着力研究的东周时期，这里的出土文物数量巨大、出土文献异常丰富，远远超过了许多的省份。其他省份，例如陕西关中地区对秦文化、山东对齐鲁文化、湖北对楚文化、江浙地区对吴越文化的表达，都相对比较单纯，有利于人们做针对性研究。河南这片土地则是东周列国出演的大舞台，虽然精彩纷呈，但研究难度相对要大很多。

余力博士敢于接触这个领域，坚持二十余年做出了令人瞩目的成就，表现了他的学术功力和胆略。

这部书稿并不是太厚重，可是所涉及的领域是在中国历史的战国时期、中国古文字的东周阶段。这一阶段的古文字的研究难度甚至超过了商代的甲骨文和西周的金文。其难在于列国的文字、文体，涉及的地理、职官、度量衡等内容，各国之间有很大的差异。从面上的情况来看，正好比杂花生树，群莺乱飞。如果说，研究商代的甲骨文和西周的金文还沿着一条基本一致的脉络和线索，研究东周文字，尤其是战国文字，是多条线索、多条脉络的表现。而研究东周历史，又绝对离不开东周出土文字资料。在学术的深水区，在余力博士的这部论作中，人们看到由器物、文字进而对于史实的大量探讨。

下面谈及我拜读了刘余力博士这部大作的粗浅体会，其中有一些讨论，些微愚见仅供余力参考。

在对安邑大官鼎、莆子鼎、王十一年大梁司寇鼎、信安君鼎、王二年相邦义戈、高陵君弩机、仓端王义鼎、王太后左私室鼎等器物考证中，他重视类型学，断代准确；文字考察精到，使之成为可以依凭的文献，这对东周时期三晋、秦、燕的历史都有重要的补缺作用。例如对高陵君以及封地的研究；对燕、秦关系，有关"白马广平侯"的讨论都是有重要价值的。

我关心书稿中大量篇幅讨论的战国度量衡问题，其中大多可信。一点意见，主要集中在书中多次提到的魏国"齐"字的认识上。从三晋的铜器铭文等看，齐、斋、齌、齍、祭等，恐怕原来是一个字。齐最早应是禾穗之齐，后借为表达金属冶炼的"剂"，对铜、锡、铅（往往以沙状调配的）配比的一种表达，一定的容量称为"齐"。《考工记》有记载，三晋兵器多见"执齐（剂）"。以后在三晋，尤其是本书所及的魏国，是固定的容量单位，一鎛约等于 7200 毫升已成定论。从本书的莆子鼎、三年垣上官鼎的、首垣鼎，以及梁十九年鼎、平安君三十二年鼎等等的计值来看，"鎛"值是有明显的差异的。对此，一些先生和余力博士都进行过重要的考量。例如，裘锡圭先生认为"恐怕隐藏着我们目前还不知道的某种特殊情况"。余力博士先后提出过两次意见，第一次认为，"这不应该是铸造技术所产生的误差，应与当时的社会状况密切相关"（见《首垣鼎》，《中国国家博物馆馆刊》2011 年第 10 期）；第二次认为，"出现自铭容量和实际容量相差较大的情况，大多是由于技术原因造成的……只是给这件铜鼎拟定的预设值，古人也知道预设值不一定准确，也会对铜器真实容量进行校验……有关器物所记，就是记录校验过程和结果"。我倒是认为，裘锡圭先生的意见和余力第一种的意见是严谨而比较正确的。依照余力博士的第二种意见来看，逻辑上会有一点问题，这些是刻铭而不是铸铭，刻上有关铭记之前，对其进行校量取得结果，并进行记录。这并不是太困难的事，即实物、实容、实测、实铭，是一体的。应该是对测量值本身的表达，在当时有了具体变化，魏国人给今天留下不小的谜团。战国时期对当时度量衡测值改校并不少见。对于测值和器容不协调、改值铭的现象，我提出有两种可能：第一种是东周时期由于所有制和分配关系的日益复杂，由下层向上层乃至国家缴纳赋税的情况日益复杂，便出现了以某件器物作为标准器，以它测定的数值作为总缴纳容量的依据，反之亦可以作为放贷的一种手段，类似后代"大斗进，小斗出"，这就是很复杂的隐秘谜底；第二种情况，我在处理战国秦的陪葬陶器的时候遇到过，随葬的陶器容量记录要远远大于实际的容量，这可能和埋葬的时候对地下世界的糊弄有关系。

莆子鼎铭文"高翼"二字除可以理解为地名以外，也可以考虑是宫名。右冔鼎，"冔"有的先生读为"冢子"合文，我认为就是"嗣子"合文，字面也可以看出是魏之贵族身份。在右冔鼎后部的断句可能要考虑，"工师馳耳购"连读，"馳耳购"为人名，恐怕不确。我这样读可能好一点："六年，工师馳耳，购工臧。"购，《广韵》古候切，去候见。《康熙字典·贝部》引《篇海》："购，治也。""工师、购工"为工种名，"馳耳、臧"为人名。

首垣鼎铭文"首垣"二字读为"长垣"，没有什么错。"首""长"二字能够互训，"长"不是"长短"之"长"，而是"长幼""初长"之"长"，和"首"有最早、发端同意。结合商周时期"首""长"二字字形看，与所谓"转注"有一定关系。王十一年大梁司寇鼎，其人名"肖妄"可以再斟酌，读"肖弃"可能更加直接一些。

由宜阳戈引起的诸库的认识是精到的，诸库不是铸造兵器的机构，而是存放兵器的机构。戈铭的后部，我试做断句如下："宜阳，库工师长竦，冶市。""工师长、冶"为职守，"竦，市"为人名，是否可能更恰当一些。

我自铸铍是一件非常重要的兵器，"少卒"即"偏师"的理解颇有新意，这对秦军事及兵器的命名，在秦文字的研究上有着重要的意义。

可是对其断代，我认为和春秋没有什么关系，可能不早于战国中期。少府戈的读法，基本意见是没有问题的，后面两个字应该是地名，但把它读为"杏陵"不妥，读为工匠的姓名有些勉强。苏公鼎，在秦泥封的研究中也见过苏姓，苏姓在秦已经是一个大姓。

　　以古文字和史实的结合，对秦王政当政以后的器物仓端王义鼎改"正"为"端"的讨论，非常精彩。其中"敬"字的认识很重要，不是地名或鼎的置用之处所。《说文》："敬。肃也。从攴、苟。"《玉篇·苟部》："敬，慎也。"《易·坤》："君子敬以直内，义以方外。"《书·康诰》："敬明乃罚。"可见是指此鼎之用，恭敬、严肃、慎重之意。诚如余力博士所记："此鼎自铭'一斗'，实测容量2000毫升，则一升合今200毫升。这一数值与战国时期秦国一升的容量密合。""敬"表示的一种正式的、严肃的作为度量衡标准器意思。

　　综上所述，刘余力博士用近二十年之力，对于洛阳王城出土的战国青铜器铭文进行整理，这是一个不小的学术成果。洛阳王城由春秋时期的全国有影响的、名义上的天下共主之都邑，一直到战国后期沦落为远逊于七雄的一个小小的政治据点，这段历史在中国历史上极为重要，也表达了大分裂状态下的种种社会的不协，为秦的再次统一提供了应有的条件。因此，在这个时期对青铜铭文的研究尤为重要，可以看出纷繁的政治、军事角力的具体状况，余力博士在一定程度上恢复了当时的历史场景。对古文字研究，尤其是东周时期的列国文字研究，出现各种不同的理解是很正常的，我总的认为它还是一本言之有据、考虑多方意见、落笔十分慎重的好的学术著作。留《水调歌头》为记：

邙月照今古，洛水洗城垣。

青瘢红锈，东周烽火记当年。

晋曲成仓恨重，秦戈宜阳兼并，燕剌付流喧。

兵歌马嘶里，禹甸又翔骞。

宫烛冷，侍女怨，洒泪涟。

无情岁月，偶卸文字缀蹁跹。

衡鼎座前稼穑，残戟光中权变，可借字中攀。

好个太平子[1]，为史赋新篇。

周晓陆

2021 年 8 月于秦亭

---

1 太平子，太平学子，西北大学占唐太平坊地。

# 序 二

　　刘余力老师拟在文物出版社出版《东周王城出土战国铜器铭文整理与研究》一书，他打来电话，让我写几句话。

　　我主要的研究方向是战国文字，兴趣点在陶文、楚简等方面，对战国铜器铭文则没什么研究。余力给我这个机会，正好补补战国铜器铭文方面的课。

　　该书收录十八件战国有铭铜器，均系洛阳东周王城及附近新出土或新发现的。"这些铭文铜器，从时代来看，从战国早期至战国晚期；从国别来看，多属战国时期魏国、秦国，另有少量属战国时期周王室、燕国、韩国。本书对这些铭文铜器进行介绍，并对铭文及相关问题进行考释。"

　　十八件战国有铭铜器全部是新材料。我读书时，老师就强调要关注新材料，我现在对我的学生也是同样的要求。新材料伴随着新的研究成果，常常会让人眼前一亮。新材料有的有新的字形，有的可以与古书相对，有的能够解决一些历史上长期争议的问题，尤其是近些年公布的战国古书，其价值和意义更是巨大。一方新的陶文、新的印章，都有研究的价值，更遑论战国铜器上的文字了。王太后左私室鼎、高陵君弩机、信安君鼎、仓端王义鼎、王十一年大梁司寇鼎、莆子鼎等，均为余力个人独著或以第一作者最先公布释文和考释，多刊发在《文物》等杂志上。这些新材料的及时公布，嘉惠学林，促进了古文字尤其是战国文字的研究。比如仓端王义鼎有四处铭文，分别刻在器腹部、器盖及器底外部，铭文为"仓端王义"；"敬，一斗，工宜"；"宣平，南綽处"；"千，一二二"等。作者认为："正与政谐音，秦王嬴政当政时期讳正，故改'正'为'端'，'仓端'即'仓正'，职官名。'宣平'作为地名，之前最早见于金代史料，此处是'宣平'最早出现的例子。"余力不仅公布了新材料，还提出了自己的新观点。当然，"仓端"的解释仍可以再做进一步讨论。这十八件战国有铭铜器新材料的公布和研究，对研究战国时期魏、韩、周王室、秦、燕铭国等的文字、历史、地理、职官、量器制度等问题，具有重大的价值。

　　余力所在的高校非"九八五""二一一""双一流"，获取点科研的支持非常困难。尽管如此，他能够静下心，不受外界的干扰，利用课余时间，做自己喜欢的研究，难能可贵。他坐得住冷板凳，一件铜器、一件铜器的研究，积少成多，最终完成了《东周王城出土战国铜器铭文整理与研究》一书。

徐在国

2021 年 8 月于合肥

# 目 录

# 插图目录

# 前　言

　　本书共收录20世纪90年代以来东周王城及附近新出土或新发现的战国铭文铜器十八件。这些铭文铜器，有十五件出土于东周王城及附近，有三件出土于其他地方，但是藏于洛阳文博机构或相关部门，故一并收入书中。

　　这些铭文铜器，从时代来看，自战国早期至战国晚期；从国别来看，多属战国时期魏国、秦国，另有少量属战国时期周王室、燕国、韩国。本书对这些铭文铜器进行介绍，并对铭文及相关问题进行考释。因是对十八件铭文铜器进行介绍和考释，遂成十八篇文章。根据铭文铜器的国别归属，可将其分成三部分。

　　第一部分，三晋铜器篇。本篇共收九件三晋铭文铜器，其中一件属周王室，七件属魏国，一件属韩国。成君夫人鼎为周王室铜器，全器三处刻划铭文"成君""夫人""八"。鼎铭所记"成君"，既是战国时期成国国君，也是周赧王时的王室大臣。属魏国的七件铜器，均为铜鼎。其中安邑大官鼎、莆子鼎、右𣅓鼎、三年垣上官鼎、首垣鼎、王十一年大梁司寇鼎等五件铜鼎，刻有地名或职官名，地名有"蒲子""垣""首垣""大梁"，职官名有"右𣅓"。更为重要的是，这些铜鼎上均刻记容铭文，有"半齋""四分齋"。莆子鼎、三年垣上官鼎、首垣鼎等三器自铭容量与实测容量相差较大。这类铜鼎的发现，为研究战国时期魏国的量制问题，提供了珍贵的资料。安邑大官鼎同时刻有

"伯阳""安邑"两个地名，较为少见。信安君鼎刻"信安下官""信安下官器貹""安君跣阴侯"等铭文，是研究魏国宰相信安君不可多得的实物资料。

第二部分，秦铜器篇。本篇共收七件秦国铭文铜器，其中我自铸铜铍、少府戈、中府铜鍪、苏公鼎等四件铜器为洛阳市宜阳县出土，具有共同的文化属性，都是战国时期秦人势力东扩或秦、韩交战留下的遗物，对研究战国时期的秦国及秦、韩二国的关系具有重要价值。我自铸铜铍是目前所见年代最早且自铭为铍的兵器，为先秦时期铜铍的起源及发展演变提供了可信的资料。铍铭"少卒"指副将所率领的"偏师"。王二年相邦张义戈是目前发现的第三件相邦张义造戈，为秦惠文王更元二年（前323年）所造之器，对于秦国兵器的分期断代具有重要意义，为研究秦国的文字、历史和郡县制度等问题提供了重要的参考资料。高陵君弩机为秦昭王同母弟悝所造弩机，从纪年铭文"十九年"可知，该弩机铸造于公元前288年。高陵君弩机的发现，进一步证明高陵君曾封于彭地，即今甘肃省东部镇原县一带。仓端王义鼎在器腹部、器盖及器底外部刻有"仓端王义""敬，一斗，工宜""宣平，南綽处""千，一二二"等铭文。"正"与"政"谐音，秦王嬴政当政时期讳"正"，故改"正"为"端"，"仓端"即"仓正"，职官名。"宣平"作为地名，之前最早见于金代史料，此处是"宣平"最早出现的例子。

第三部分，燕铜器篇。本篇共收两件燕国铭文铜器。王太后左私室铜鼎在器盖、器腹部、器耳、器底刻划有"王大后""白马广平□昌夫""白马广平侯昌夫""大子左私室""一酓""×"等铭文。"大后""大子左私室"“一言”“×”属燕国文字，“白马广平□昌夫”“白马广平侯昌夫”为秦国文字。该鼎本属燕国，后被秦国占有，故刻上“白马广平侯昌夫”等文字。太子鼎亦刻有铭文“大子左私室”。它们都是燕国后宫所使用的铜器。

值得注意的是，出土于洛阳市宜阳县的五件铭文铜器，其中一件铜鼎，一件铜鍪，其他三件为铜兵器。这类铭文铜器可分为两类。一类是秦人迁居洛阳后留下的遗物。随着秦人势力的东扩及秦最后灭掉两周国，部分秦人迁到洛阳一带。苏公鼎就是秦人占领洛阳后，苏氏家族从陕西关中迁至河南洛阳，在洛阳居住生活所留下的遗物。另一类是秦、韩两国交战留下的遗物，少府铜鍪、宜阳戈、少府戈、我自铸铜铍均属此类。宜阳故城是战国早期韩国的都城，也是韩国西部的军事要塞。战国中晚期秦、韩曾多次在这里发生战争。上述铜鍪及铜兵器，均为秦、韩交战的明证。

壹

# 三晋铜器篇

# 成君夫人鼎

成君夫人鼎 1949 年前出土于洛阳西小屯村东南，现藏洛阳文物收藏学会。2007 年，蔡运章撰文对成君夫人鼎进行了考释（以下简称蔡文）[1]。蔡文将此鼎称为"成君鼎"，据鼎铭内容，当称之为"成君夫人鼎"。蔡文发表后，王其秀、郭永秉先后撰文（以下分别简称王文、郭文）[2]，对成君夫人鼎铭文释读发表不同看法。

图一　成君夫人鼎

---

1　蔡运章《战国成君鼎铭及其相关问题》，《中国历史文物》2007 年第 4 期。
2　王其秀《成君鼎铭补正》，《中国历史文物》2007 年第 5 期；郭永秉《读〈战国成君鼎铭及其相关问题〉小记》，《中国历史文物》2008 年第 3 期。

该鼎为战国中晚期常见铜鼎器形，整器呈扁球体状。铜鼎子口微敛，沿内折，扁圆形深腹，腹上部附微向外撇的方形双耳，腹下部内收，圜底，三兽蹄形短足。弧形盖，盖上有三环形纽，纽上各有一乳状凸起。铜鼎通体布满浅绿色锈，间有黄色或蓝色锈斑。器内有干结食物的残留。腹下和足部有明显的范铸和烟炱痕迹。该鼎通高 14.4、腹径 17.1、耳宽 23 厘米，重 1940 克（图一）。

全器两处刻划有铭文（图二~四），蔡文释读为：

成君，七六六六（腹前部）

八（鼎盖）

蔡文释读为"七六六六"的铭文，王文、郭文均改释为"夫人"，当以王文、郭文为是。鼎铭"夫人"二字构形，与战国君夫人鼎铭"夫人"（《殷周金文集成》0595，本书后文简称《集成》）[3]、河南泌阳秦墓出土漆盒铭文"夫人"构形相似[4]，应释读为"夫人"。

铭文"夫人"位于铭文"成君"左侧，"成君"二字横刻，"夫人"二字竖刻。细审铭文照片及摹本，"成君"二字笔画略细，而"夫人"二字笔画稍粗，显然系前后两次刻成。笔者推测，该鼎可能原属成君，故刻铭文"成君"，后来铜鼎转属成君夫人，故又刻铭文"夫人"。

3 中国社会科学院考古研究所《殷周金文集成》（修订增补本），中华书局，2007 年。
4 驻马店地区文管会、泌阳县文教局《河南泌阳秦墓》，《文物》1980 年第 9 期。

图二　成君夫人鼎器盖铭文

图三　成君夫人鼎腹部铭文

图四 成君夫人鼎腹部铭文摹本

蔡文对"成君"做了很好的考释，现摘录如下。

"成"为国族名，"君"是对诸侯大夫的尊称，"成君"是作器者的称谓。《史记·周本纪》："王赧谓成君"。《集解》引徐广曰："《战国策》曰：'韩兵入西周，西周令成君辩说秦求救。'""王赧"指周赧王，居住于西周国（今洛阳市王城公园一带）。这是说韩国派兵侵入西周国，周赧王命成君出使秦国寻求援助。可见，"成君"当是战国晚期周王室的一位重要大臣。"成君"应是周文王子成叔武之后。《史记·管蔡世家》：周文王子有"成叔武"。因叔武分封于成（今山东宁阳县东北），史称"成叔武"。早在周景王时，成国之君已入仕周王室。"成君"当是仕于周王室的郮简公之后。这件铜鼎的出土地，位于东周王城的北部，正在西周国的范围之内。因此，鼎铭中的"成君"与周赧王时的王室大臣"成君"是同一人。

《礼记·曲礼》："天子有后，有夫人，有世妇，有嫔，有妻，有妾。"王文认为鼎铭"夫人"当是成君的配偶。甚是。

郭文指出，蔡文所谓鼎盖下部的"八"字，其实写作两道平行、等长的竖笔，郭文认为是"二"字。在"夫人"二字的左上方，也有两道竖笔，也应是"二"字。郭文认为，鼎盖下部和鼎腹前近口沿各有一个"二"字，应是起编号并提示盖器相配的作用。笔者赞同郭文所说"二"为编号。至于说在鼎盖和鼎腹刻相同的数字，是为了方便盖器相配，这种观点值得商榷。在先秦时期的青铜器上，常见"对铭"的现象，即在器盖和器腹上刻有相同的铭文。这种现象，应该是古人的一种习惯，并不是为了能让盖、器相配。两汉时期，古人在批量铸造一些由多个部件组成的铜器时，如弩机，为装配方便，会在各部件上刻上数字。满城汉墓出土的十六件西汉实用弩机，各部件大多刻有数字，且同一弩机的各部件上数字是相同的。这些数字是弩机各部件的编号。刻上这样的数字，是为了装配方便[5]。

　　成君夫人鼎的发现，为研究姬姓成国提供了重要资料。战国时期成国的史料，只有《战国策》《史记》中的"西周令成君辩说秦求救"等寥寥数语。此鼎铭文当是《战国策》《史记》所记"成君"事迹的有力佐证。它不但说明成国君统直到战国晚期仍然存在，而且极大地提高了古史有关"成君"的科学价值[6]。

---

5　中国社会科学院考古研究所、河北省文物管理处《满城汉墓发掘报告》，文物出版社，1980年，第84～85页。

6　蔡运章《战国成君鼎铭及其相关问题》，《中国历史文物》2007年第4期。

# 安邑大官鼎

　　1977 年，洛阳市西工区西小屯村村民在挖地基时发现一座战国墓，随葬有陶器和青铜器，陶器被村民打碎，铜鼎幸存。此鼎现藏洛阳理工学院教育博物馆。据其铭文内容，可称之为"安邑大官鼎"。鼎口部微敛，沿内折，子口，扁圆形深腹，腹上部附略向外撇的长方形双耳，腹下部内收，圜底，三蹄形短足。弧形盖上有三环形纽，纽上各有一凸起的乳丁。腹中部饰凸弦纹一周。整器呈扁球体状，造型浑厚，通体布满浅绿色铜锈，间有红或蓝色锈斑。器盖和器身外部有多处垫片痕迹，腹下和足部有明显的范铸痕迹。鼎通高 19.8、口径 13.2、腹径 19.6、耳宽

图五　安邑大官鼎

图六　安邑大官鼎口沿铭文及摹本

21.8 厘米，重 2930 克 (图五)。口沿外侧自右而左横刻铭文"白易安邑大官"一行六字 (图六)。

　　该鼎具有战国时期铜鼎的典型特征，与 1979 年陕西武功县浮沱村出土魏国信安君鼎[1]、洛阳理工学院文物馆收藏的魏国王十一年大梁司寇鼎形制相似[2]，仅尺寸和蹄形足中部粗细有别。鼎铭"安""官"二字与魏国安邑下官锺铭中的"安""官"构形相同[3]，"大"字与魏国二十七年

---

1　罗昊《武功县出土平安君鼎》，《考古与文物》1981 年第 2 期；李学勤《论新发现的魏信安君鼎》，《中原文物》1981 年第 4 期；裘锡圭《〈武功县出土平安君鼎〉读后记》，《考古与文物》1982 年第 2 期。

2　刘余力《王十一年大梁司寇鼎铭文考释》，《文物》2020 年第 1 期。

3　咸阳市博物馆《陕西咸阳塔儿坡出土的铜器》，《文物》1975 年第 6 期。

大梁司寇鼎铭（《集成》02609、02610；《商周青铜器铭文暨图像集成》02160、02161，本书后文简称《铭图》）[4] 中的"大"字构形相似，明显具有战国晋系文字的特征。结合鼎铭内容，可判断此鼎为战国早期魏器。

白易，白读为伯，伯从白得声，可以通作。《说文·人部》："伯，长也。从人，白声。"《吴越春秋·阖闾内传》"白喜者"，徐天祜注："《左传》《史记》白俱作伯。"又"会楚之白喜"，徐天祜注："《史记》作伯嚭。"《读书杂志·荀子第三·乘白》："司马知师旅甲兵乘白之数"，王念孙按引王引之曰："窃谓白与伯同。《逸周书·武顺》篇：五五二十五曰元卒，四卒成卫曰伯。是百人为伯也……作白者，借字耳。"[5] 易，为阳（阳）的古字。《说文·阜部》："阳，高明也。从阜，易声。"《说文·勿部》段玉裁云："易，此阴阳正字也。阴阳行而会易废矣。"[6]《汉书·地理志》"傅易山，傅易在南"，"曲易"，颜师古注："易，古阳字。"白易即伯阳，古地名，战国时期属魏。伯阳，铜器铭文首见，见于文献记载，在今河南安阳西北 [7]，一说在今河北省肥乡县西 [8]。《史记·赵世家》载："（惠文王）十七年，乐毅将赵师攻魏伯阳。"又"（惠文王）十九年，秦取我二城。赵与魏伯阳。"《正义》引《括地志》云："伯阳故城一名邯会城，

4 中国社会科学院考古研究所《殷周金文集成》（修订增补本），中华书局，2007 年；吴镇烽《商周青铜器铭文暨图像集成》，上海古籍出版社，2012 年。

5 〔清〕王念孙《读书杂志》，凤凰出版社，2000 年，第 675～676 页。

6 〔清〕段玉裁《说文解字注》，上海古籍出版社，1981 年，第 454 页。

7 臧励和等编《中国古今地名大辞典》，上海书店出版社，2015 年，第 363 页。

8 郭声波《〈史记〉地名族名词典》，中华书局，2020 年，第 100 页。

在相州邺县西五十五里，七国时魏邑，汉邯会城。"伯阳故城在今邺县西，古邺县县治在邺城（今邯郸市临漳县邺城镇），今邺县隶属于安阳。笔者认为，伯阳地望当以在今安阳西北为是。

安邑，古地名，战国早期魏国都城，在今山西夏县西北。安邑既见于出土铜器铭文和钱币文字，亦见于文献记载。1966 年，陕西咸阳塔儿坡出土一件铜锺，锺上刻铭文"安邑下官"[9]。战国时期，三晋地区流行一种平首布，布上铸铭文"安邑釿""安邑半釿""安邑一釿""安邑二釿"等。安邑的地望，学者多有论述且已达成共识，此不赘述。

大官，大读为太，战国铜器铭文中习见，王大后、大后、大子等铭文中大皆读为太。《墨子·耕柱》"我将上大行"，孙诒让间诂："大，读曰太。"《荀子·非十二子》"大俭约"，杨倞注："大，读曰太。"大官即太官，古代职官名。太官一职的设置，始于春秋时期。《史记·滑稽列传》："于是王乃使以马属太官，无令天下久闻也。"这是记载楚庄王命令优孟将爱马尸体交给太官，可见，当时楚国设有太官一职。战国时期，秦国、韩国等国设有太官职位。咸阳市博物馆收藏有一件秦国盉，刻有"太官四斗半"铭文[10]。《睡虎地秦墓竹简》载："大（太）官、右府、左府……赀啬夫一盾。"[11]新郑出土的一件韩国兵器上刻有铭文"太官冢子"[12]。

9　咸阳市博物馆《陕西咸阳塔儿坡出土的铜器》，《文物》1975 年第 6 期。

10　马永赢《"大官之印"与西汉的太官》，《考古与文物》2006 年第 5 期。

11　睡虎地秦墓竹简整理小组《睡虎地秦墓竹简》，文物出版社，1990 年，第 85 页。

12　黄盛璋《新出信安君鼎、平安君鼎的国别年代与有关制度问题》，《考古与文物》1982 年第 2 期。

两汉时期，太官成为常设官职，"太官"屡见于传世文献和出土文物中。《史记》《汉书》中多次记载太官，汉代的铜容器、铜印章、漆器、陶封泥等出土文物上，太官铭文屡见不鲜[13]。《汉书·百官公卿表》："少府，秦官，掌山海池泽之税，以给共养，有六丞。属官有尚书、符节、太医、太官、汤官、导官……"可见，秦国太官为少府下的属官，主要职能是给供养。《后汉书·百官志》："太官掌御饮食。"《汉官仪》："太官，主膳羞也。"可见，汉代太官的主要职能是掌管皇帝的饮食。马永赢认为，汉代太官除为皇帝及身份高贵的大臣提供饮食外，还提供祭品、祭具，并参与祭祀[14]。综合以上资料，笔者认为，春秋战国时期的太官，与下官、上官、中官相类，亦为食官。安邑太官，当指安邑之地的食官。

战国铜器中，一器刻有两个地名的情况时有出现。两个地名一般是分两次刻成，第一次刻铜器铸造地；后铜器转属其他地方，又补刻上第二个地名。两个地名可能同属一个国家，亦可能属不同国家。像这种一次刻两个地名的情况较为少见。此种情况见于台湾历史博物馆收藏的魏国郭佗壶（《铭图》12308）。该壶颈外壁刻铭文"少朵（梁），曼（魏）下官"五字。壶铭中的曼为地名，如何释读，学者见仁见智[15]。朱德熙、裘锡圭将此字读为殷，认为在今河南洛宁西北[16]。吴荣曾将此

13　索德浩《汉代"大官"铭文考——从邛崃羊安汉墓 M36 出土"大官"漆器谈起》，《南方民族考古》（第九辑），科学出版社，2013 年，第 149 ~ 171 页。

14　马永赢《"大官之印"与西汉的太官》，《考古与文物》2006 年第 5 期。

15　周波《中山器铭文补释》，《出土文献与古文字研究》第三辑，复旦大学出版社，2010 年。

16　朱德熙、裘锡圭《平山中山王墓铜器铭文的初步研究》，《文物》1979 年第 1 期。

字读为"魏",认为其地在今晋南一带[17]。汤余惠读此字为"繁",认为是"繁阳"的省称,其地在今河南内黄西北[18]。何琳仪将此字读为"牧",认为其地在今河南汲县[19]。将䣄读为魏,是目前学界的主流观点。少梁当为鼎铸造地,魏当为鼎最终的置用机构。少梁,战国早中期属魏,在今陕西韩城市南。此处魏,杨坤认为当在今山西芮城东北,其说可从[20]。

在安邑大官鼎铭中,伯阳为铜鼎铸造地,安邑大官为铜鼎的置用机构。鼎上同时刻划铸造地和置用机构,当是有意为之。当铜鼎在伯阳铸成后,刻上置用机构,意在表明此鼎是为安邑太官而铸;刻上铸造地,若铜鼎出现质量问题,亦可向铸造地的相关机构问责。

该鼎的发现,为研究战国时期魏国的文字、地理、职官制度、流转制度等提供了珍贵的资料。

附记　本文原刊于《中原文物》2021 年第 3 期。文章写作过程中,得到洛阳市文物考古研究院蔡运章帮助。文稿写成后,承蒙安徽大学徐在国审阅。洛阳市文物考古研究院蔡梦珂拍照、褚卫红摹写铭文,在此一并致谢。

17　吴荣曾《战国布币地名考释三则》,《中国钱币》1992 年第 2 期。

18　汤余惠《战国文字中的繁阳与繁氏》,《古文字研究》第十九辑,中华书局,1992 年。

19　何琳仪《古币丛考》,安徽大学出版,2002 年,第 89~90 页。

20　杨坤《战国晋系铜器铭文校释及相关问题初探》,吉林大学硕士学位论文,2015 年,第 21~23、164 页。

# 莆　子　鼎

　　洛阳理工学院教育博物馆收藏有一件战国时期铭文铜鼎。根据铜鼎铭文内容，可称之为"莆子鼎"。此鼎传为山西临汾出土，铭文未见著录。现对铜鼎铭文略作考述。

　　鼎为子口，口部微敛，沿内折，扁圆形深腹，腹上部附略向外撇的长方形双耳，腹下部内收，平底，三蹄形短足。盖为平顶，上有三环形纽，纽上各有一凸起的小兽头，兽角内卷。腹中部饰凸弦纹一周。整器呈扁球体状，造型工整，器身稀疏分布浅绿色锈，绿锈下面有少量红斑，器体无红斑、绿锈之处呈浅黄色。腹下、足部和底部有明显的范铸痕迹。通高 17.3、口径 15、腹径 21.1、耳宽 24.1、兽头高 3.1 厘米，重 2810 克，容水 2720 毫升（图七、八）。

图七　莆子鼎

图八　莆子鼎底部

值得注意的是，战国时期的铜鼎多为弧形盖，且纽上凸起为乳丁。像这种平顶盖的器形（图九），较为少见。而纽上凸起为兽头的装饰（图一○），则极为罕见。春秋时期的圆形带盖鼎中，已出现平顶盖，如山西侯马上马村 M5 出土的 V 式鼎[1]、河南尉氏河东周村出土的 II 式鼎[2]，器盖上有三曲尺形纽。战国时期的这类铜鼎，继承了春秋时期平顶盖的形制，盖纽则由春秋时期的曲尺形纽演变为环形纽。

全器两处刻有铭文。器盖外侧两兽纽之间竖刻铭文"莆子半（半）斋"一行四字（图一一、图一三·1），腹部近左耳处横刻"高翠"一行二字（图一二、图一三·2）。"莆子半（半）斋"四字，刻痕较浅，笔画纤细；"高翠"二字，

1　山西省文物管理委员会侯马工作站《山西侯马上马村东周墓葬》，《考古》1963 年第 5 期。
2　郑州市博物馆《尉氏出土一批春秋时期青铜器》，《中原文物》1982 年第 4 期。

图九 莆子鼎器盖

图一〇 莆子鼎器盖环纽
兽头装饰

图一一 莆子鼎器盖铭文

图一二　莆子鼎腹部铭文

图一三　莆子鼎铭文摹本

1. 器盖　2. 腹部

刻痕较深，笔画粗放。两处铭刻风格迥异，显然是前后两次所刻。"莆"字与魏国三年莆子戈（《集成》11293）铭文中"莆"字构形一致，"高"字与战国时期魏国廿九高都令戈（《集成》11302）[3]、廿九高都令剑（《集成》11652）铭文中"高"字构形相同，具有魏国文字风格。"齋"字与赵国四年建信君铍（《集成》11695）、六年安平守铍（《集成》11671）铭文中"齋"字构形相类，具有晋系文字特征。莆子鼎的形制与长治分水岭战国中期 M36 出土的平盖鼎（M36：1）十分接近[4]，两者仅盖纽形制有别。依据器形特征及铭文风格可判断，莆子鼎为战国中期魏国铜鼎。

铭文"翄"从羽从戈，为"戠"字异体。古文字特别是三晋文字中，戈、弋混用[5]，因此"戠"字又可写作"翃"。"翃"从羽弋声，"翼"从飞異声，羽、飞义同，弋与異均属上古职部字，翃（戠）、翼两字音义皆同，互为异体字。《尔雅·释地》"南方有比翼鸟焉"，陆德明释文："（翼）又作翄，字同。""高翄"即高翼，地名，不见文献记载。战国时期魏国有地名"高奴""高都"等。《史记·项羽本纪》："王上郡，都高奴。"《史记·秦本纪》："三年，蒙骜攻魏高都、汲。""高都"还见于兵器铭文及方足布文字[6]。"高翼"与"高奴""高都"相类，当为战

3 中国社会科学院考古研究所《殷周金文集成》（修订增补本），中华书局，2007 年。

4 山西省考古研究所等《长治分水岭东周墓地》，文物出版社，2010 年，第 228 ~ 229 页。

5 李家浩《战国邙布考》，《古文字研究》第三辑，中华书局，1980 年，第 160 ~ 165 页。

6 兵器铭文中的高都，见刘体智《小校经阁金文拓片》10.52.2，转引自何琳仪《战国文字通论》（订补），江苏教育出版社，2003 年，第 131 页；方足布文字中的高都，见《中国钱币大辞典》编纂委员会《中国钱币大辞典·先秦编》，中华书局，1995 年，第 233 页，。

国时期魏国地名。"翼"为春秋时期晋国都城，在今山西省翼城县东南。《史记·赵世家》："翼，晋君都邑也。"《史记·赵世家》："孝侯十五年，曲沃庄伯弑其君晋孝侯于翼。"《集解》引《左传》曰："葬之于翼东门之外也。"《国语·周语下》："晋侯弑，于翼东门葬。"今山西翼城一带，战国时期也曾是魏国领地。此鼎为山西临汾一带出土，而翼城隶属临汾。莆子鼎形制又与长治分水岭 M36 出土铜鼎相类，临汾与长治距离相近，两地均位于山西南部。综合铜鼎出土地、形制特征及"高翼"地名特点，笔者推测"高翼"应该与"翼"邻近，在今山西翼城一带。

"莆"读为蒲。《楚辞·天问》"莆雚是营"，蒋骥注："莆、蒲同。"洪兴祖补注："莆，疑即蒲字。""莆子"即"蒲子"，古地名。"蒲子"作为地名，既见于出土铜器和钱币，亦见于文献记载。中国国家博物馆藏有一件战国时期铜戈，戈上刻有铭文"莆子"（《集成》11293）；战国时期魏国有一种锐角布，布币上铸铭文"莆子"[7]。《左传》僖公四年："重耳奔蒲。"《史记·晋世家》："蒲边秦，公子重耳居蒲。"《集解》引杜预注："蒲，今平阳蒲子县是也。"《隰州志》："蒲子村，州北八十里。相传晋文公所居之地。"[8]《读史方舆纪要》："隰川废县，今州治。春秋时晋蒲邑，重耳奔蒲，即此也……汉置蒲子县，魏、晋因之。永嘉二年

---

7 《中国钱币大辞典》编纂委员会《中国钱币大辞典·先秦编》，中华书局，1995 年，第 232 页。
8 清康熙四十八年（1709 年）刊本二十四卷、清光绪二十四年（1898 年）续修本四卷，山西省隰县县志编纂委员会翻印《隰州志》，西安新华印刷厂、隰县印刷厂，1982 年，第 34 页。

刘渊取河东，自离石徙都蒲子是也。"[9]可见，"蒲子"为春秋时期晋地，战国时期属魏[10]，其地在今山西隰县西北。吴良宝报道过一件莆子戈，他依据戈铭格式及文字特征等因素，认为戈为韩国兵器[11]。若所论正确，则"蒲子"在战国时期一度属韩。

"伞（半）齋"，将"半"写作"伞"，是魏国文字的特点。"齋"读为"齍"。"齍"从鼎齐省声，晋系文字中，常将鼎省作目形，故常见从目从齐省的"齍"。《说文·示部》："齍，从示，齐省声。"可见，齋和齍音同，可以通假。"半齋"即二分之一齍。齍为战国时期韩、魏两国特有的容量单位，又以魏国更为常用[12]。目前所见以齍为容量单位的魏国刻铭铜器有 26 件[13]，且多为铜鼎，其中容量经过实际测量的共17 件（表一）。

---

9 〔清〕顾祖禹撰，贺次君、施和金点校《读史方舆纪要》，中华书局，2005 年，第 1932 页。

10 自黄盛璋《试论三晋兵器的国别和年代及其相关问题》，《考古学报》1974 年第 1 期。

11 吴良宝《莆子戈与邨戈考》，《中国文字学报》，商务印书馆，2014 年。

12 刘余力《首垣鼎铭文考略》，《中国国家博物馆馆刊》2011 年第 10 期；刘余力《王十一年大梁司寇鼎铭考释》，《文物》2020 年第 1 期。

13 笔者曾在《首垣鼎铭文考略》一文中统计，以齍为容量单位的魏国刻铭铜器有 23 件。加上2011 年报道的首垣鼎、2020 年报道的王十一年大梁司寇鼎和本文报道的莆子鼎，共有 26 件。

表一　　　　　　魏国以䤾为容量单位的铭文铜器实测情况一览

| 序号 | 器名 | 记容铭文 | 实测容量（毫升） | 一䤾容量（毫升） |
|---|---|---|---|---|
| 1 | 莆子鼎 | 半䤾 | 2720 | 5440 |
| 2 | 王十一年大梁司寇鼎 | 容四分 | 1810 | 7240 |
| 3 | 三年垣上官鼎 | 朌四分䤾 | 2656 | 10624 |
| 4 | 垣上官鼎 | 容大半 | 4800 | 7200 |
| 5 | 右冔鼎 | 容四分䤾 | 1775 | 7100 |
| 6 | 首垣鼎 | 朌四分 | 2650 | 10600 |
| 7 | 弗官鼎 | 容䤾 | 7190 | 7190 |
| 8 | 卅五年鼎 | 容半䤾 | 3600 | 7200 |
| 9 | 梁廿七年鼎 | 容半䤾 | 3570 | 7140 |
| 10 | 梁阴令鼎 | 容半 | 3614 | 7228 |
| 11 | 信安君鼎 | 容半 | 3570 | 7140 |
| 12 | 梁廿七年鼎 | 容四分 | 1800 | 7200 |
| 13 | 平安君廿八年鼎 | 四分䤾 | 1800 | 7200 |
| 14 | 梁十九年铜鼎 | 少半 | 3075 | 9225 |
| 15 | 梁上官铜鼎 | 容叁分 | 2381 | 7143 |
| 16 | 上乐床铜鼎 | 容叁分 | 2443 | 7329 |
| 17 | 平安君三十二年铜鼎 | 容四分䤾 | 1400 | 5600 |

　　注：表中序号为 7～17 的器物资料引自丘光明等《中国科学技术史》，科学出版社，2003 年，第 136 页。

　　丘光明推算，战国时期一䤾的容量约为 7180 毫升[14]，蔡运章等进一步认为一䤾的容量约为 7200 毫升[15]。根据表中的数据，一䤾的容量约

14　丘光明等《中国科学技术史·度量衡卷》，科学出版社，2001 年，第 139 页。

15　蔡运章等《论右冔鼎铭文及其相关问题》，《文物》2004 年第 9 期。

为 7200 毫升是可靠的。新发现的这件莆子鼎自铭"半斋",实测容水 2720 毫升,相较半斋约为 3600 毫升,少了 880 毫升。像这种实测容量与自铭容量相差很大的情况,并非个例。三年垣上官鼎铭"肘四分斋",实测容水 2656 毫升,实际容量比自铭容量多 856 毫升[16]。平安君三十二年鼎铭"容四分斋",实测容量为 1400 毫升,实际容量比自铭容量少 400 毫升[17]。首垣鼎铭"肘四分",实测容量 2650 毫升,实际容量比自铭容量多 850 毫升[18]。出现自铭容量与实际容量相差较大的情况大多是由于技术原因造成的。战国时期在铸造铜器过程中,有时会给铜器容量拟定一个预设值,并将这个预设值刻于器物上。二十七年大梁司寇鼎、王十一年大梁司寇鼎均铭"为量脟四分"[19],"为量"即定其容量,也就是设定铜鼎的容量为四分斋。古人也知道,这个预设值不一定准确,因此还会对铜器真实容量进行校验。三年垣上官鼎一处刻"肘四分斋",另一处又刻"三年,巳(已)觥,大十六肷"。觥,读为角,量也,已觥即已经校量[20]。荥阳上官皿器腹部刻有铭文"左史狄觥之,少一溢六

16 蔡运章、赵晓军《三年垣上官鼎铭考略》,《文物》2005 年第 8 期;李学勤《三年垣上官鼎校量的计算》,《文物》2005 年第 10 期;吴振武《关于新见垣上官鼎铭文的释读》,《吉林大学社会科学学报》2005 年第 6 期。

17 丘光明等《中国科学技术史》,科学出版社,2003 年,第 136 页。

18 刘余力《首垣鼎铭文考略》,《中国国家博物馆馆刊》2011 年第 10 期。

19 刘余力《王十一年大梁司寇鼎铭考释》,《文物》2020 年第 1 期。

20 蔡运章、赵晓军《三年垣上官鼎铭考略》,《文物》2005 年第 8 期;李学勤《三年垣上官鼎校量的计算》,《文物》2005 年第 10 期;吴振武《关于新见垣上官鼎铭文的释读》,《吉林大学社会科学学报》2005 年第 6 期。

分溢"，安邑下官锺腹部亦刻有铭文"左史狄觥之，大大半斗一溢"[21]。这些都是战国时期对铜器容量进行校验的明证。

因铜器流转等原因，战国时期铜鼎上常见在器盖及器腹部多次刻划铭文的现象。如王太后左私室鼎，分二次在鼎盖、鼎腹部刻有"王大后""大子左私室""白马广平侯昌夫"等铭文[22]；战国信安君鼎分三次在鼎盖及腹部刻划"信安君""安君跞阴侯""信安下官""信安下官器賁"等铭文[23]；仓端王义鼎分三次在器腹部、器盖及器底外部刻有"仓端王义""敬，一斗，工宜""宣平，南綧处"等铭文[24]。杨坤认为，从战国铭文的刻凿习惯来看，往往是先刻器身，后刻器盖[25]。就本器而言，鼎盖上铭文为第一次刻划，鼎腹部铭文乃第二次刻划。该鼎可能原属"蒲子"，故在鼎盖刻划"莆子伞（半）斋"，注明鼎所属地及容量预设值。后来鼎转属高翼，故在鼎腹部刻铭文"高翼"。杨坤认为先刻器身的观点，值得商榷。先刻器身还是先刻器盖，或许本无定式。

莆子鼎保存完好，器形较为独特。"高翼"作为魏国地名，首次出现在铜器铭文中，弥补了文献记载的不足。用"斋"代替"斋"，前所

21 李学勤《荥阳上官皿与安邑下官锺》，《文物》2003 年第 10 期。

22 刘余力、蔡运章《王太后左私室鼎铭考略》，《文物》2006 年第 11 期。

23 刘余力、褚卫红《战国信安君鼎考释》，《文物》2009 年第 11 期。

24 刘余力《仓端王义鼎铭文考释》，《文物》2014 年第 8 期；刘余力《仓端王义鼎铭文补释》，《中国国家博物馆馆刊》2019 年第 10 期。

25 杨坤《战国晋系铜器铭文校释及相关问题初探》，吉林大学硕士学位论文，2015 年，第 38 页。

未见。总之，莆子鼎的发现，为战国时期魏国铜器、文字、历史地理及度量衡制度等方面的研究提供了重要的实物资料。

附记　本文原刊于《文物》2021 年第 7 期，此次略有改动。本文写作得到了安徽大学徐在国的帮助，铭文摹本由洛阳市文物考古研究院褚卫红绘制，在此一并致谢。

# 右𤔈鼎

右𤔈鼎 1945 年出土于洛阳东郊，现藏于洛阳市文物交流中心。2004年蔡运章、赵晓军、戴霖撰文介绍并对铜鼎铭文给予考释（以下简称蔡文）[1]。之后，刘秋瑞（以下简称刘文）、刘刚（以下简称刘刚文）、杨绅（以下简称杨文）等在其学位论文中都谈及右𤔈鼎 [2]，对铭文的释读和相

图一四　右𤔈鼎

1　蔡运章、赵晓军、戴霖《论右𤔈鼎铭及其相关问题》，《文物》2004 年第 9 期。

2　刘秋瑞《河南所出战国文字辑考》，安徽大学博士学位论文，2011 年，第 76 ~ 77 页；刘刚《晋系文字的范围及内部差异研究》，复旦大学博士学位论文，2013 年，第 156 页；杨绅《战国晋系铜器铭文校释及相关问题初探》，吉林大学硕士学位论文，2015 年，第 38、43 ~ 46 页。

关问题发表了看法。

铜鼎为子口，口部微敛，沿内折，扁圆形深腹，腹上部附微向外张的长方形双耳，圜底，三兽蹄形短足。弧形盖，盖上有三环纽，纽上各有一乳状凸起。除腹中部饰一周粗弦纹外，无其他装饰。腹下及足部有烟炱痕迹。铜鼎通高 13、腹径 17.4、耳宽 18.6 厘米，重 2250 克，容水 1775 毫升（图一四）。蔡文认为该鼎形制与廿八年、卅二年平安君鼎相同，明显具有战国晚期魏国铜鼎的特特征，当为战国晚期魏国的铜器。甚是。

全器三处刻划有铭文，一处位于鼎盖近口沿处，竖刻三行六字（图一六·1）；一处位于鼎腹前部近口沿处，竖刻三行六字（图一五、图一六·2）；一处位于腹后部，竖刻一行九字（图一六·3）。蔡文释读为：

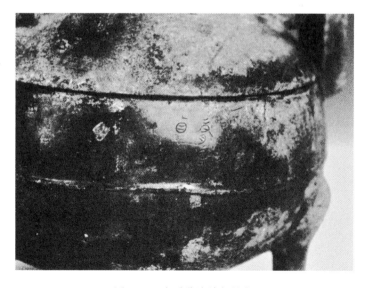

图一五　右孚鼎腹前部铭文

右尃（嗣）膚（康）四分旨（鼎）。（鼎盖）

右尃（嗣）膚（康）四分旨（鼎）。（腹前部）

六年，工师扬耳旬（冒），工姫（臧）。（腹后部）

根据刘刚文、杨文等的意见，笔者认为铭文应释读为：

右冢子，膚（容）四分旨（鼎）。（鼎盖）

右冢子，膚（容）四分旨（鼎）。（腹前部）

六年，工师鈇户购，工臧。（腹后部）

"右尃"，蔡文认为尃读为嗣，嗣有新君之义，故"右尃"当为尊贵的新君之义。刘文根据李家浩的观点，认为此处"尃"当为"冢子"合文，且无合文符号。杨文罗列战国时期"冢子""乳子"的字形并分析其异同，认为此处"尃"就是"冢子"合文。从字形及辞例分析，认为"尃"是"冢子"的合文应该是正确的。冢子为战国时期的官职名，李家浩认为冢子与太子名同而实异[3]。李学勤认为，冢子这一职官战国时见于三晋。在魏国设在地方，在韩、赵设在朝中。其职掌是掌铸器的工官，职责是制作青铜器，包括兵器在内[4]。吴振武认为，在古代，像物资收藏这类工作，统治者必用亲近可靠之人来担任，而冢子正是最合适的人选。冢子

---

3 李家浩《战国时代的"冢"字》，《著名中青年语言学家自选集·李家浩卷》，安徽教育出版社，2002年，第1~7页。

4 李学勤《马王堆帛书（邢德）中的军吏》，《简帛研究》第二辑，法律出版社，1996年，第159页。

图一六　右厈鼎铭文拓片

1.盖部　2.腹前部　3.腹后部

正是主掌收藏的官吏[5]。

　　"庸"，蔡文认为从肉、从庚，甚是。蔡文进一步解释，此字当为康字的别体。李家浩认为该字读为"容"[6]，笔者赞同李家浩的观点。实际

---

5　吴振武《新见十八年冢子韩矰戈研究——兼论战国"冢子"一官的职掌》，《中央研究院历史语言研究所会议论文之七——古文字与古代史》第一辑，2007年，第327～328页。

6　李家浩《谈春成侯盉与少府盉的铭文及其容量》，《华学》第五辑，中山大学出版社，2001年，第156页。

上，将容写作从庚从肉的"膚"，是魏国文字的特征。

"四分貞"，蔡文指出："貞"，贞字省体，古贞、鼎通用。鼎，读为鬴，甚是。"容四分貞"指铜鼎的容量为四分之一鬴。一鬴的容量，拙作《首垣鼎铭文考略》《王十一年大梁司寇鼎铭考释》[7] 多有讨论，此不赘述。右孠鼎实测容水 1775 毫升，与四分之一鬴约为 1800 毫升十分接近。

"六年"，为铜鼎的铸造年代，此处铜鼎的铸造年代与铭文刻划年代相同。六年是指战国时期哪个魏王的纪年，不得而知。

"工师餀户购"，"工师"为工官之长，掌管工匠和官营手工业[8]。"餀"，从食从毛，杨文释为餀，可从。"购"从贝省从句，刘刚文、杨文均释为购，可从。"餀户购"当为工师的姓名。

"工臧"，"工"为铸造此鼎之工官，"臧"为其名。

战国时期三晋兵器多为三级监造[9]，魏国记量铭文与三晋兵器铭文款式类似，也有所谓"三级监造"[10]。铭文"工师餀户购，工臧"，即是"三级监造"的表现，只是由"三级"变为"二级"，没有监造者，只有主办者"工师餀户购"和制造者"工臧"。

---

7  刘余力《首垣鼎铭文考略》，《中国国家博物馆馆刊》2011 年第 10 期；刘余力《王十一年大梁司寇鼎铭考释》，《文物》，2020 年第 1 期。

8  许慜慧《古文字资料中的战国职官研究》，复旦大学博士学位论文，2014 年，第 262 页。

9  黄盛璋《试论三晋兵器的国别和年代及其相关问题》，《考古学报》1974 年第 1 期。

10  何琳仪《战国文字通论》（订补），江苏教育出版社，2003 年，第 129 页。

# 三年垣上官鼎

　　三年垣上官鼎 1949 年以前洛阳市西工区一带出土，现藏洛阳理工学院（原洛阳大学）文物馆。最早由蔡运章、赵晓军撰文对铜鼎铭文进行考释（以下简称蔡、赵文）[1]，之后李学勤、吴振武、裘锡圭等相继撰文对鼎铭的释读、鼎铭中的校量问题发表看法（以下分别简称李文、吴文、裘文）[2]。本文撷采众家之长，并略抒己见，遂形成下面的文字。

图一七　三年垣上官鼎

1　蔡运章、赵晓军《三年垣上官鼎铭考略》，《文物》2005 年第 8 期。

2　李学勤《三年垣上官鼎校量的计算》，《文物》2005 年第 10 期。吴振武《关于新见垣上官鼎铭文的释读》，《吉林大学社会科学学报》2005 年第 6 期。裘锡圭《谈谈三年垣上官鼎和宜阳秦铜鋞的铭文》，《古文字研究》第二十七辑，中华书局，2008 年。

图一八　三年垣上官鼎腹前部铭文

图一九　三年垣上官鼎腹后部铭文

1

2

图二〇　三年垣上官鼎铭文拓片

1.腹前部　2.腹后部

1

2

图二一　三年垣上官鼎铭文摹本

1.腹前部　2.腹后部

铜鼎为战国时期常见的器形，整体呈球形，扁圆形深腹，腹上部附双耳，平底、三蹄形短足，弧形盖，盖上有三环形纽。通高 18.8、腹径 19.6、耳宽 21.6 厘米，重 2710 克，容水 2656 毫升（图一七）。蔡、赵文认为，此鼎与廿八年、卅二年平安君鼎，以及梁上官鼎的形制都极为相似，当为战国晚期魏国器物。甚是。

全器两处刻划有铭文，一处位于鼎腹前部，一行七字（图一八、二〇·1、二一·1）；另一处位于鼎腹后部，三行八字（图一九、二〇·2、二一·2）。蔡、赵文释读为：

　　　垣上官肕（载）四夲（半）齎。（鼎腹前部）
　　　三年夕觖，大十六曳（溢）。（鼎腹后部）

鼎腹前部铭文"垣"字竖刻，其后六字为横向纵刻；鼎腹后部铭文从左至右竖向纵刻。

综合李文、吴文的观点，铭文释读如下：

垣，上官，肑（载）四分齋。（鼎腹前部）

三年，巳（已）觥，大十六史（斛）。（鼎腹后部）

"垣"，古地名，战国时期属魏。"垣"作为地名，既见于铜器和钱币，亦见于文献记载。上海博物馆收藏有一件战国时期铜鼎，鼎上刻用铭文"垣，上官"等铭文[3]。战国时期魏国通行一种圜钱，钱面上铸铭文"垣"[4]。《史记·魏世家》："二年，城安邑、王垣"。《史记·秦本纪》："十五年大良造白起攻魏，取垣"，"十八年错攻垣"。"垣"在今山西垣曲县东南[5]。

"上官"，食官。古文字资料中有"荥阳上官""垣上官""安邑下官""信安下官""中官""王后中官"等，"上官""下官""中官"均为食官[6]。"上官"为鼎的置用场所。

"肑四分齋"，肑，从肉、才声，为藏字的省体，读为载，即容、盛之意[7]。"分"蔡、赵文隶定为伞，读为半。李文认为"八"字与"分"字上

---

3  唐友波《垣上官鼎及其相关问题》，《文物》2004 年第 9 期。

4 《中国钱币大辞典》编纂委员会《中国钱币大辞典·先秦编》，中华书局，1995 年，第 613～614 页。

5 《中国钱币大辞典》编纂委员会《中国钱币大辞典·先秦编》，中华书局，1995 年，第 613～614 页。

6  朱德熙、裘锡圭《战国铜器铭文中的食官》，《文物》1973 年第 12 期；刘余力、褚卫红《战国信安君鼎考略》，《文物》2009 年第 11 期。

7  曹锦炎、吴振武《释藏》，《吉林大学社会科学学报》1981 年第 2 期；汤余惠《战国铭文选》，吉林大学出版社，1993 年，第 3～4 页。

半部共用右侧一笔，"分"字下半部的"刀"增加一点，乃"八分"合文。吴文径直隶定为分，并做了如下解释：这个"分"字的特别之处只不过是将"刀"旁写作"刃"形而已，而战国时期许多从"刀"的字，"刀"旁往往如此作。笔者赞同吴文的观点。"齋"为战国时期韩、魏两国特有的容量单位，又以魏国更为常用[8]。经过对战国时期魏国诸多以齋为单位的刻铭铜器的测量，取一齋的容量值为 7200 毫升，是基本可靠的[9]。"四分齋"为四分之一齋的省称，"肘四分齋"是说此鼎的容量为四分之一齋。按鼎铭容量计算，此鼎应容水 1800 毫升。经过测量，此鼎实际容水 2656 毫升。也就是说，此鼎自铭容量与实际容量相差 856 毫升。像这种自铭容量与实际容量相差很大的情况，在战国时期并非个例[10]。为什么会出现这种情况，裘锡圭认为恐怕隐藏着我们目前还不知道的某种特殊情况[11]。笔者认为，出现自铭容量与实际容量相差较大的情况大多是由于技术原因造成的。鼎铭中的"四分齋"，只是给这件铜鼎拟定的预设值。古人也知道这个预设值不一定准确，因此会还会对铜器真实容量进行校验。鼎腹后部所刻铭文"三年，巳（已）㪍，大十六寽（斛）"，

8　刘余力《首垣鼎铭文考略》，《中国国家博物馆馆刊》2011 年第 10 期。

9　丘光明等《中国科学技术史·度量衡卷》，第 139 页，科学出版社，2001 年；蔡运章等《论右寽鼎铭文及其相关问题》，《文物》2004 年第 9 期；刘余力《莆子鼎铭文考略》，《文物》2021 年第 7 期。

10　刘余力《莆子鼎铭文考略》，《文物》2021 年第 7 期。

11　裘锡圭《谈谈三年垣上官鼎和宜阳秦铜釜的铭文》，《古文字研究》第二十七辑，中华书局，2008 年。

就是记录校验的过程和结果。

"三年"，是战国晚期魏国某位国君的纪年。具体指哪一年，目前还不得而知。

"巳觚"，蔡、赵文隶定为"夕觚"，读夕为昔。从字形上看，当是"巳"字。吴文认为，若将它释为"巳"，读作"已"，则不仅在字形上有根据，在解释上亦十分简捷顺畅（已经之"已"本由"巳"字所分化）。当以吴文为是。蔡文对"觚"字作了很好的解释。蔡文认为，觚，通作角，有校量之义。甚确。

"大十六臾"，"臾"蔡、赵文隶定为"曳"，读为"溢"。李文、吴文均隶定为"臾"，读为斛，当以李文、吴文为是。对"大十六臾"的解释，是李文、吴文、裘文讨论的核心。

李文认为，鼎的实测容积是 2656 毫升。第一处铭文规定的"载四八分霝"，如上述为 2712.94 毫升，减去 2656 毫升，这正是"大十六臾（斛）"，仅差 0.46 毫升，可谓密合。李文将铭文所记"大"理解为预定容量比实测容量大。荥阳上官皿器腹部刻有铭文"左史狄觚之，少一溢六分溢"，安邑下官锺腹部亦刻有铭文"左史狄觚之，大大半斗一溢"。李学勤对安邑下官锺和荥阳上官皿铭文中的"大""小"，都解释为实际实测容量比预定容量大或小。通过对荥阳上官皿和安邑下官锺容量的实际测量，证明对此二器铭中的"大""小"解释是合理的[12]。显然，三年垣上官鼎铭中的"大"，与安邑下官锺铭中的"大"含义相同，当指实

---

12　李学勤《荥阳上官皿与安邑下官锺》，《文物》2003 年第 10 期。

测容量比预设容量大。

吴文根据实测容量比自铭容量大 856 毫升，认为"十六宎（斞）"即 856 毫升，进一步推算出一宎（斞）合 53.5 毫升。吴文指出,《考工记·弓人》记制作一张"九和之弓"需用漆三斞。如果根据从垣上官鼎所推得的一斞之量值，一张弓所用之漆合 160.5 毫长，则显然要合理得多。裘文谈道，吴文对小量铭文的释读不可从，但是对"宎"（斞）的量值的推算以及将小量的容积视为十分之一"宎"（斞）的意见，还是很有参考价值的。显然，裘锡圭赞同吴文对宎（斞）的量值的推算。

综合李文、吴文、裘文的观点，认为古代一"宎"（斞）约合今53.5 毫升的观点，是合理的。

三年垣上官鼎的发现，为研究战国时期魏国的历史、文字、职官、量器制度等问题，提供了珍贵的资料。

# 首垣鼎

2009年，洛阳文物收藏学会在征集社会流散文物时，发现一件战国时期魏国铭文铜鼎，为研究战国时期的历史、度量衡等提供了新资料。据铜鼎铭文内容，可称之为"首垣鼎"。该鼎为洛阳出土，具体情况不详，鼎铭未见著录。

该鼎口部微敛，沿内折作子口，扁圆形深腹。腹上部附有略向外撇的长方形双耳，腹下部内收，平底，三蹄形短足。盖隆起呈弧形，上有三环形纽，纽上各有一乳丁。腹中部饰凸弦纹一周。整器呈扁球体状，造型浑厚，制作精美，通体布满浅绿色锈，间有蓝或黄色锈

图二二　首垣鼎

图二三　首垣鼎底部

斑。腹下和足部有明显范铸痕迹。通高 18.3、口径 17.8、腹径 20、耳宽 23.7 厘米，重 3260 克，容水 2650 毫升（图二二、二三）。该鼎与三年垣上官鼎、平安君卅二年鼎及梁上官鼎形制相似，为战国晚期魏器无疑。器腹上部从右至左竖刻铭文两行共五字："首垣，肘四分"（图二四、二五）。字体工整隽秀，具有战国时期魏国文字的典型特征。

"首垣"，战国时期魏国地名，见于史书记载。《史记·赵世家》："七年，公子刻攻魏首垣。"《战国策》记载秦国攻打魏国首垣等城邑。《战国策·秦策四》："王申息众二年然后复之，又取蒲、衍、首垣，以临仁、平兵、小黄、济阳婴城，而魏氏服矣。"《史记》对这件事有相同记载，《史记·春申君列传》："王休甲息众，二年而后复之，又取蒲、衍、

图二四　首垣鼎铭文

图二五　首垣鼎铭文摹本

首、垣，以临仁、平兵，黄、济阳婴城而魏氏服矣。"[1] 司马贞《索隐》："首盖牛首，垣即长垣。"将首垣断开，并认为其为两个地名，实误。可见，首垣战国时期主要属于魏地。

1《史记》，中华书局，1982 年，第 2388 页。

　　首垣亦即长垣，在今河南省长垣县东北。诸祖耿即认为："首垣，即长垣，故城在今县东北三十里。"[2] 另外，《中国古今地名大辞典》载：长垣县"本魏之首垣邑。汉置县。故城在今直隶长垣县东北十里"[3]。首垣，西周时属卫国。春秋时期，卫国于长垣之地同时置蒲邑（今长垣县城）、匡邑。战国时期，卫之匡邑、蒲邑，被魏国兼并，在今县城东北5000米的陈墙村一带，置首垣邑。此地在当时有一道长墙，或曰防垣。此防垣或用于防水，或用于防兵。当时的防垣很长，故又称"长垣"，长垣名由此而来，而首垣则为防垣之首。公元前221年，秦并天下，设郡县，改首垣邑为长垣县。西汉时亦名长垣县，新莽改长垣县为长固县。东汉置长垣侯国与平丘县。三国时属魏，之后境域因时而异，县名亦屡更屡变。《水经注·济水》："濮渠东绝驰道，东径长垣县故城北，卫地也，故首垣矣，秦更从今名，王莽改为长固县。《陈留风俗传》曰：县有防垣，故县氏之。"

　　"肔"，从肉、才声，为蔽字的省体，读为载，即容、盛之意[4]。廿八年平安君鼎"肔四分霝"、梁十九年鼎"肔少半"、三年垣上官鼎"肔四

2　诸祖耿《战国策集注汇考》，江苏古籍出版社，1985年，第390页。

3　臧励和等《中国古今地名大辞典》，上海书店出版社，2015年，第554页。

4　曹锦炎、吴振武《释蔽》，《吉林大学社会科学学报》1981年第2期；汤余惠《战国铭文选》，吉林大学出版社，1993年，第3～4页。

分霝"之"肭"字，均从肉、才声，而肉、才两部位置可以互换。此种"肭"字的写法也仅见于魏国文字。

"四分"，魏国梁廿七年铜鼎、上员床铜鼎等均铭容"四分"，实乃容"四分霝"。此处亦为"四分霝"省称，亦即四分之一霝。目前所见魏国铜器铭文"四分""三分"均指霝而言，无一例外。此铭"分"字从八、从刀，但战国文字中，分有时亦写作从八、从刃，如三年垣上官鼎铭中"四分"、河北易县所出战国金饰件铭中"四分"均是[5]。"霝"为战国中晚期韩魏两国特有的容量单位，又以魏国更为常用。近年，陆续发现了几件以霝为单位的魏国铜器，引起学界对霝这一特定容量单位的广泛关注。目前所见以霝为容量单位的魏国刻铭铜器有 23 件[6]，且多为铜鼎，其中经过实际测量的共 14 件[7]。弗官鼎铭"容霝"，实测容水为 7190 毫升；卅五年鼎铭"容半霝，实测容水 3600 毫升；梁廿七

---

5 吴振武《关于新见垣上官鼎铭文的释读》，《吉林大学社会科学学报》2005 年第 6 期；丘光明《试论战国衡制》，《考古》1982 年第 5 期。

6 据《中国科学技术史·度量衡卷》统计有 19 件，《殷周金文集成》2693 号收录 1 件。另有右冔鼎垣上官鼎及三年垣上官鼎。

7 丘光明等《中国科学技术史·度量衡卷》，科学出版社，2001 年，第 136、137 页；蔡运章等《论右冔鼎铭文及其相关问题》，《文物》2004 年第 9 期；蔡运章、赵晓军《三年垣上官鼎铭考略》，《文物》2005 年第 8 期。

年鼎铭"容半斋"，实测容水 3570 毫升；梁阴令鼎铭"容半"，实测容水 3614 毫升；信安君鼎铭"容半"，实测容水 3570 毫升；梁廿七年鼎及平安君廿八年鼎均铭容"四分"斋，实测容水 1800 毫升；右冎鼎铭"容四分斋"，实测容水 1775 毫升。丘光明推算，战国时期一斋的容量约为 7180 毫升[8]，蔡运章等进一步认为一斋的容量约为 7200 毫升[9]。洛阳新发现的这件首垣鼎经实测，容水 2650 毫升，相较四分斋约为 1800 毫升，大出了 850 毫升。像这种实测容量与自铭容量相差很大的情况，并非仅此一例。三年垣上官鼎铭"財四分斋"，实测容水 2656 毫升[10]，实际容量比自铭容量大出 856 毫升。平安君卅二年鼎铭"容四分斋"，实测容量为 1400 毫升，实际容量比自铭容量小出 400 毫升。为什么会出现这种情况？我们认为，这不应该是铸造技术所产生的误差，应与当时的社会状况密切相关。个中原因，不便妄加推断。或许正如裘锡圭所言："恐怕隐藏着我们目前还不知道的某种特殊情况。"[11] 鼎铭所记"首垣"，首见于铜器铭文，证明《史记》《战国策》等史籍对该地名记载是确实可靠的。该鼎自铭容"四分"斋，而实际容量却大很多。三年垣上官鼎、平安君卅二年鼎与此情况相类。此种情况，战国时期并不多见，但又真实存在。具体原因，有待进一步探索。该鼎的发现

8 丘光明等《中国科学技术史·度量衡卷》，科学出版社，2001 年，第 139 页。

9 蔡运章等《论右冎鼎铭文及其相关问题》，《文物》2004 年第 9 期。

10 蔡运章、赵晓军《三年垣上官鼎铭考略》，《文物》2005 年第 8 期。

11 裘锡圭《谈谈三年垣上官鼎和宜阳秦铜鐎的铭文》，《古文字研究》第二十七辑，中华书局，2008 年。

为研究战国时期魏国文字、历史、地名、度量衡等，提供了珍贵的实物资料。

附记　本文原刊于《中国国家博物馆馆刊》2011年第10期。对于实测容量与自铭容量差距较大的情况，笔者当时认为"不应该是铸造技术所产生的误差，应与当时的社会状况密切相关"。后来笔者观点发生变化，认为导致这种现象的原因，大都是因为技术原因造成的。具体可参见本书《莆子鼎》《三年垣上官鼎》《王十一年大梁司寇鼎》等几篇文章中的观点。

# 王十一年大梁司寇鼎

　　2019年，洛阳理工学院文物馆收藏了一件传世的战国时期铭文铜鼎，据其铭文内容，可称之为"王十一年大梁司寇鼎"。此鼎传为洛阳出土，未见著录。今不揣鄙陋，对铭文的释读及相关问题略作考述。

　　鼎口部微敛，沿内折，子口，扁圆形深腹。腹上部附有略向外撇的长方形双耳，腹下部内收，圜底，三兽蹄形短足较粗壮。盖隆起呈弧形，上有三环形纽，纽上各有一凸起的乳丁。腹上部饰凸弦纹一周。整器呈扁球体状，制作工整，器形浑厚，器身、器盖大部分区域分布浅绿色锈，间有红色锈斑。器盖、身外部有多处范模垫片痕迹，腹下和足部有

图二六　王十一年大梁司寇鼎

明显范铸痕迹。铜鼎通高 16.1、口径 13、腹径 18、耳宽 21.1 厘米，重
2775 克，容水 1810 毫升（图二六）。该鼎具有战国时期铜鼎的典型特征。

全器三处刻划有铭文。腹部两腿之间自右而左横刻铭文"王十又一
年，大梁（梁）司寇肖妾（亡友合文）釬（铸），为量膚（容）四分"一
行十八字（图二九~三二、三三·1），腹部另一腿上方自右而左横刻铭文"下官"
一行二字（图二七、三三·2），鼎盖两耳之间自右而左横刻铭文"大朵（梁）
下官"一行四字（图二八、三三·3）。文字整齐狭长，鼎铭"大朵""大梁"，
即大梁，为战国时期魏国的都城。该鼎与魏国"梁十九年亡智鼎"（《集
成》02746、《铭图》02376）[1]、"二十七年大梁司寇鼎"（《集成》02609、
02610，《铭图》02160、02161）器形极其相似。铭文"铸"从金从寸、"容"
写作从庚从肉的膚，它们的写法明显具有魏国文字的特征，因此该鼎应
为战国时期魏国铸造。

图二七　王十一年大梁司寇鼎腹部铭文

---

1　中国社会科学院考古研究所《殷周金文集成》（修订增补本），中华书局，2007 年；吴镇烽
　《商周青铜器铭文暨图像集成》，上海古籍出版社，2012 年。

图二八　王十一年大梁司寇鼎器盖铭文

图二九　王十一年大梁司寇鼎腹部铭文

图三〇　王十一年大梁司寇鼎腹部铭文

图三一　王十一年大梁司寇鼎腹部铭文

图三二　王十一年大梁司寇鼎腹部铭文

　　"王十又一年"，该鼎铭文与"二十七年大梁司寇鼎"字体风格一致，辞例相同，所记内容相近，应属同一魏王在位时所铸之器。"二十七年大梁司寇鼎"，铭文"二十七年"到底是哪个魏王的纪年，学术界主要有二种观点。一种意见认为是魏安釐王二十七年，以马承源、丘光明等先生为代表。另一种意见则认为是魏惠王二十七年，以黄盛璋、李学勤等先生为代表。马承源先生说："梁廿七年只有两个可能，一是惠王廿七年，即公元前 343 年，一是安釐王廿七年，即公元前 250 年。此鼎形

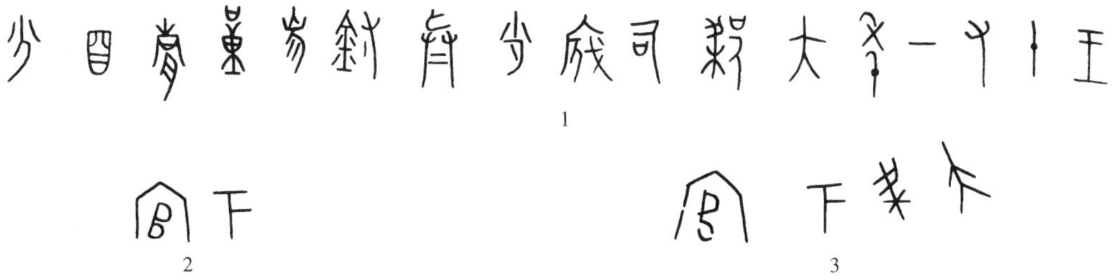

少 四 夢 董 彡 剝 育 少 戍 司 斝 大 夆 一 ㄅ ㄏ 王

1

囵 下　　　　　　　　　囵 下 耂 仐

2　　　　　　　　　　　　3

图三三　王十一年大梁司寇鼎铭文摹本
1. 腹部两腿之间　2. 腹部一腿上方　3. 器盖两组之间

式属于战国晚期，故是魏安釐王廿七年器。"[2] 丘光明与马承源看法相同。

他认为："魏称梁是魏惠王九年迁都大梁之后。迁都后，魏王年号在

二十七年以上的，只有惠王和安釐王。器铭字体较晚，似为安釐王时的

器物。"[3] 黄盛璋认为："梁有二十七年以上只有梁惠王与安釐王，案十九

年鼎明载'穆穆鲁辟，徂省朔方'，朔方在今山西河套地区内，属魏王

郡……十九年'徂省朔方'应为梁惠王，恰恰《史记·魏世家》记梁惠

王'十九年筑长城，塞固阳。'……十九年当为魏长城最后完成之年，'徂

省朔方'，自为视察长城竣工而往，十九年只能属于梁惠王十九年……

如此十九年鼎绝对年代可定为西元前 351 年，而两个二十七年鼎则为西

元前 343 年，可以无疑。"[4] 李学勤则认为："肖亡智的三件器和宁皿既与

安令三件近似，它们便只能属于惠王前元时期，这是不能移动的。"[5] 笔

2　马承源《商鞅方升和战国量制》，《文物》1972 年第 6 期。

3　丘光明《中国历代度量衡考》，科学出版社，1992 年，第 158 页。

4　黄盛璋《三晋铜器的国别、年代与相关制度》，《古文字研究》第十七辑，中华书局，1989 年。

5　李学勤《论梁十九年鼎及其有关青铜器》，《新出青铜器研究》（增订版），人民美术出版社，

　　2016 年第 177 页。

者赞同黄盛璋、李学勤等的观点，魏惠王二十七年为公元前343年。该鼎铭文"王十又一年"当指魏惠王十一年，即公元前359年。

"大<unclear>魁</unclear>"即大梁，魏国于魏惠王九年（前361年）迁都大梁（今河南开封），大梁此处当指魏国。

"司寇"，职官名。《说文·司部》："司，臣司事于外者。"《广雅·释诂》："司，主也。"可见，司有治理之义。寇，贼也、暴也。《说文·支部》："寇，暴也。"《玉篇·宀部》："寇，贼寇也。"司寇本来指治理贼寇或暴乱，早期司寇可能只是一种职事[6]，后来演变为一种职官。郑玄认为，商代就设立了司寇。《礼记·曲礼》载："天子之五官，曰司徒，曰司马、司空、司士、司寇。"郑玄注："此亦殷时制也。"《尚书·立政》："司寇苏公式敬尔由狱，以长我王国。"司寇也见于两周时期铜器铭文，如庚季鼎铭"用佐佑俗父司寇"（《集成》02781）、扬簋铭"眔司寇"（《集成》04294）、司寇良父壶铭"司寇良父作为卫姬壶"（《集成》09641）、虞司寇伯吹壶铭"虞司寇伯吹作宝壶"（《集成》09694）、鲁少司寇封盘铭"鲁少司寇封孙宅"（《集成》10154）。春秋时期，各诸侯国大都设立司寇一职。《左传·成公十八年》载："庆封为大夫，庆佐为司寇。"这是说庆佐任齐国司寇。《左传·文公十八年》载"季文子使司寇出诸竟"，可见鲁国亦设有司寇一职。《史记·孔子世家》曰："定公十四年，孔子年五十六，由大司寇行摄相事，有喜色。"《荀子·坐宥》载："孔子为鲁司寇，有父子讼者，孔子拘之，三月不别。"这是记载孔子担任鲁国

---

6 朱腾《也论先秦时代的司寇》，《法学家》2015年第2期。

司寇时喜形于色及断案的情形。《左传·昭公二年》载："子产曰：'女罪之不恤，而又何请焉？不速死，司寇将至'。"这段话表明郑国亦曾设立司寇。至战国时期，大多数国家废除了司寇，司寇被廷尉所取代，七国中只有赵国、魏国仍保留司寇一职[7]。

"肖妛釿"，肖即赵，妛为亡友合文，肖亡友即赵亡友，人名。特别有趣的是，"梁十九年亡智鼎"云亡智，"二十七年大梁司寇鼎"云肖亡智。此三鼎皆为魏惠王世所铸之器，"王十一年大梁司寇鼎"比"梁十九年亡智鼎""二十七年大梁司寇鼎"分别早八年和十六年。据此推测，肖亡友与肖亡智可能为兄弟关系。釿，为铸字的异体[8]。

"大騩司寇肖妛釿"是说魏国司寇赵亡友为此鼎的督造者。

"为量"，"为"，作也，亦即定也。"为量"即定其容量。战国时期铜器铭文多记容量，如容几升几斗、肘（载）几分等，这些可能只是铜器容量的预设值，其真实容量是多少，还会进行校验。如三年垣上官鼎一处刻"肘四分齍"，另一处又刻"三年，巳（已）觖，大十六舆"。觖，读为角，量也，已觖即已经校量[9]。荥阳上官皿器腹部刻有铭文"左史狄觖之，少一溢六分溢"[10]。这些都是对战国记容铜器进行校验

7 关晓丽《〈周礼〉"司寇"考》，《华北大学学报》2003 年第 6 期。

8 朱德熙、裘锡圭《平山中山王墓铜器铭文初步研究》，《文物》1979 年第 1 期。

9 蔡运章、赵晓军《三年垣上官鼎铭考略》，《文物》2005 年第 8 期；李学勤《三年垣上官鼎校量的计算》，《文物》2005 年第 10 期；吴振武《关于新见垣上官鼎铭文的释读》，《吉林大学社会科学学报》2005 年第 6 期。

10 李学勤《荥阳上官皿与安邑下官锺》，《文物》2003 年第 10 期。

的明证。

"庸",读为容[11]。"四分"乃"四分斋"的省称,即四分之一斋。"斋"为战国中晚期韩魏两国特有的容量单位,又以魏国更为常用。所见战国时期魏国铜器铭文中"容大半""容半""三分""四分"等,其单位均为斋[12]。丘光明推算,战国时期一斋的容量约为7180毫升[13],蔡运章等进一步认为一斋的容量约为7200毫升[14]。洛阳新发现的这件"王十一年大梁司寇鼎",容水1810毫升。按此容量推算,则一斋约合7240毫升,这一数值与战国时期魏国一斋约为7200毫升十分接近。

"为量庸四分"是说此鼎的预设容量为四分斋。

"大梁下官"即魏下官。"下官",食官[15]。战国铜器铭文中有"安邑下官""信安下官""荥阳上官""垣上官"等,洛阳西郊战国墓出土陶罐上有铭文"中官",西汉时期铜鼎上有铭文"王后中官"。"下官"与"上官""中官"相类,均为食官[16]。该鼎由魏国食官保管使用,故在鼎盖及鼎腹部刻"大梁下官""下官"。

此鼎为魏惠王十一年(前359年)所造铜器,为战国时期魏国的又一件标型器,对于魏国铜器断代具有重要意义。"亡友"二字合文,为

---

11 李家浩《谈春成侯盉与少府盉的铭文及其容量》,《华学》第五辑,中山大学出版社,2001年。

12 刘余力《首垣鼎铭文考略》,《中国国家博物馆馆刊》2011年第10期。

13 丘光明等《中国科学技术史·度量衡卷》,科学出版社,2001年,第139页。

14 蔡运章等《论右罧鼎铭文及其相关问题》,《文物》2004年第9期。

15 朱德熙、裘锡圭《战国铜器铭文中的食官》,《文物》1973年第12期。

16 刘余力、褚卫红《战国信安君鼎考略》,《文物》2009年第11期。

铜器铭文中首次出现。此鼎为赵亡友督造，保存完好，实测容量与鼎铭所记容量基本吻合。该鼎的发现为研究战国时期魏国职官、文字、历史及度量衡等，提供了珍贵的实物资料。

附记　本文原刊于《文物》2020年第1期，此次略有改动。将妾视为亡友的合文，乃受三峡大学袁金平启发。承蒙山东大学黄杰指出铭文摹本"为"字摹写不确，现据黄杰所摹字形改为。洛阳理工学院宋慧勋摄影，洛阳市文物考古研究院褚卫红描摹铭文，在此一并致谢。

# 信安君鼎

2008 年，洛阳理工学院文物馆在征集社会流散文物时，发现一件传为山西出土的战国时期有铭铜鼎，为研究战国时期的历史提供了新资料。兹作简要考述。

一

该鼎口部微敛，沿内折作子口，扁圆形深腹。腹上部附有略向外撇的长方形双耳，腹下部内收，圜底，三蹄形短足。盖隆起呈弧形，上有

图三四　信安君鼎

图三五　信安君鼎盖左侧铭文

图三六　信安君鼎盖右侧铭文

图三七　信安君鼎盖中部铭文

图三八　信安君鼎腹部铭文

三环形纽，纽上各有一乳丁。腹中部饰凸弦纹一周。整器呈扁球体状，造型浑厚，制作精美，通体布满浅绿色锈，间有蓝或黄色锈斑。器盖、身内侧有多处范模垫片痕迹，腹下和足部有明显范铸痕迹。通高 17、口径 17.8、腹径 19、耳宽 22 厘米，重 3200 克，容水 2205 毫升（图三四）。

鼎盖左侧竖刻"信安君器貣"两行五字，"器貣"二字因笔画纤细且磨泐漫漶而不清（图三五、三九·1）。鼎盖右侧竖刻"信安下官器貣"三行共六字（图三六、三九·2）。鼎盖中部偏右竖刻"安君𣎴阴侯"二行共五字（图三七、三九·3）。腹部近口沿竖刻三行铭文，亦因笔画纤细且磨泐

图三九 信安君鼎铭文摹本

1.盖左侧 2.盖右侧 3.盖中部 4.腹部

漫漶而不清，仅可见"信安下官"四字（图三八、三九·4）。从铭文字体风格及刻划的深浅情况可知，鼎盖及腹部铭文应为三次刻成。"信安君"等铭文刻道较浅，字体稍小，或为先刻；"安君跣阴侯"刻道略深，字体稍大，应为又一次所刻；"信安下官""信安下官器貣"则为另一次刻成。

此鼎形制与铭文内容，与1979年陕西武功县浮沱村墓葬所出信安君铜鼎相类[1]，具有战国晚期魏国铜器铭刻的明显特征。另外，澳门珍秦斋收藏一件"信安、长阴侯安君"铜鼎，与该鼎大小、形制及铭文内容都非常接近[2]。

## 二

"信安君"，即战国晚期魏国宰相魏信。《战国策·魏策二》载："秦召魏相信安君，信安君不欲往。苏代为说秦王……"云云。由此可知，"信安君"即魏信，是战国晚期魏国宰相。他不但深得魏王宠信，而且也是秦国连横战略争取拉拢的重要对象。他还是秦、魏、赵诸国合纵连横策略的关键人物，对于维系秦、魏、赵三国间的关系起着重要作用。武功县所出信安君鼎有刻铭"十二年"，应是魏襄王十二年[3]，即公元前307年。可见信安君任魏相的年代当在此年前后。另外，魏信大体与苏代、苏秦兄弟同时。苏秦于公元前312年走上政治舞台，卒于公元前284年[4]，魏信的活动年代当在这一时期，也与前述年代十分吻合。因此，信安君任

1 罗昊《武功县出土平安君鼎》，《考古与文物》1981年2期；李学勤《论新发现的魏信安君鼎》，《中原文物》1981年4期；裘锡圭《〈武功县出土平安君鼎〉读后记》，《考古与文物》1982年2期。

2 萧春源总监《珍秦斋藏金——吴越三晋篇》，澳门基金会，2008年，第184～193页。

3 李学勤《论新发现的魏信安君鼎》，《中原文物》1981年4期。

4 蔡运章《苏秦事迹考述》，《鬼谷子文化研究文集》，陕西旅游出版社，2004年。

魏相的年代，当在公元前 307 年前后。

"安君跅阴侯"，"安"字与 1978 河南泌阳所出魏国平安君鼎"安"字构形相同[5]，"跅"字与魏国跅信侯鼎"跅"字构形接近（《集成》02304）[6]，"阴"字与魏国"阴安"弧裆方足布"阴"字构形相同[7]，"君""侯"均具魏国文字风格。可见，这件铜鼎当属魏国铸造。战国时期，魏国封君有信安君、信陵君、成陵君、中山君、山阳君、碧阳君、宜信君、安陵君、宁陵君、济阳君、龙阳君等[8]，不见有"安君"，且均为三字，此处"安君"当为信安君的省称。

"跅阴侯"，"跅"乃长之异体[9]，"跅阴侯"即"长阴侯"，不见史书记载。十分有趣的是，珍秦斋所藏的"信安、长阴侯安君"铜鼎，也出现了"安君""长阴侯"，原刻为"长阴侯安君"。董珊先生认为"长阴侯安君"是指属于"长阴侯"的封君"安君"[10]。将这两件铜器相互比照，可知"安君"并非"安阴侯"下属的封君，二者是并列关系，实际上是一个人的两个封号。既可写作"安君长阴侯"，也可写作"长阴侯安君"。西汉时期有淮阴侯韩信、汝阴侯夏侯灶、汾阴侯周昌、颍阴侯灌婴等，皆因

5 驻马店地区文馆会等《河南泌阳秦墓》，《文物》1980 年 9 期；黄盛璋《新出信安君鼎、平安君鼎的国别年代与有关制度问题》，《考古与文物》1982 年 2 期。

6 中国社会科学院考古研究《殷周金文集成》（修订增补本），中华书局，2007 年。

7 刘余力《平首布文字研究》，中国科学技术大学硕士学位论文，2005 年，第 44～45 页。

8 杨宽《战国史》，上海人民出版社，2003 年，第 685～686 页。

9 郭沫若《金文丛考》，人民出版社，1954 年，第 216 页。

10 萧春源总监《珍秦斋藏金——吴越三晋篇》，澳门基金会，2008 年，第 184～193 页。

封地而得名。据铭文内容可知，"长阴侯"与信安君当为一人。我们推测，信安君魏信也曾因封在长阴而为长阴侯。长，通作漳。长阴亦即漳阴。长、漳均属古韵阳部，可以通用。"长阴"即漳阴，即漳水南岸之义。古代漳水有两条支流：浊漳水和清漳水源于今山西东南，流今河北涉县汇合东流入黄河，漳水的中下游战国时期属魏国疆域。而且，隋唐时期曾置漳阴县，在今河北大名县西北。因此，信安君鼎同时署刻"竑阴侯"，说明魏相信安君曾被封为漳阴侯，是可以肯定的。

"信安下官""信安下官器賮""信安下官"，"信安"即信安君。"下官"，食官[11]。董珊先生认为"官"读为"馆舍"之"馆"，是战国时代各国安置客人的机构[12]。战国铜器铭文中有荥阳上官、安邑下官、垣上官等[13]，洛阳西郊战国墓葬出土陶罐上有铭文"中官"[14]，西汉时期有王后中官鼎[15]，"下官"与"上官""中官"相类，均为食官。"賮"，即为"賮"字的省写，读为府。《金文编》将此字形收入"府"字条下，甚确[16]。三晋文字府多作"賮"形，从"貝"，且"貝"常省作"目"形。器，即礼乐之器。《周礼·天官·司书》："器械之数。"贾公彦疏："谓礼乐之器。"

11 朱德熙、裘锡圭《战国铜器铭文中的食官》，《文物》1973 年 12 期。

12 萧春源总监《珍秦斋藏金——吴越三晋篇》，澳门基金会，2008 年，第 184～193 页。

13 咸阳市博物馆《陕西咸阳塔儿坡出土的铜器》，《文物》1975 年 6 期；李学勤《荥阳上官皿与安邑下官锤》，《文物》2003 年 10 期；唐友波《垣上官鼎及其相关问题》，《文物》2004 年 9 期；蔡运章、赵晓军《三年垣上官鼎铭考略》，《文物》2005 年 8 期。

14 郭宝钧等《一九五四年春洛阳西郊发掘报告》，《考古学报》1956 年 2 期。

15 《汉金文录》1.17 下。

16 容庚《金文编》，中华书局，1985 年，第 656～657 页。

《周礼·春官·叙官》："典庸器。"孙诒让正义："谓钟鼎盘盂之属。"《礼记·郊特牲》："器用陶匏。"郑玄注："器，谓酒尊及豆笾之属。"府，即库，藏物之所。《周礼·天官·序官》："府六人。"孙诒让正义："与库亦通称。"《礼记·曲礼下》："天子之六府。"孔颖达疏："府者，藏物之处也。"器府，即收藏礼乐器的府库。由此可见，这件铜鼎本是信安君的器物，后又转交其下属的食官府库，故刻"信安下官器貣"。

由上所述，该鼎本属魏相信安君，"信安君"等铭文当为原刻。后魏信被封为"长阴侯"，遂补刻"安君眯阴侯"。最后，该鼎又转交信安君下属的食官府库，故又刻"信安下官""信安下官器貣"等铭文。

三

魏相信安君的事迹，仅见于《战国策·魏策二》简略记述。故有学者认为，"信安君于史无考"[17]，或以为"所指未详"[18]。这件铜鼎与陕西武功信安君鼎、澳门珍秦斋信安君鼎相继发现，足以说明魏相信安君不但真有其人，而且还曾被封为漳阴侯。这为我们研究战国时期魏相信安君

---

17　缪文远《战国策考辨》，中华书局，1984 年，第 234 页。

18　王延栋《战国策词典》，南开大学出版社，2001 年，第 52 页。

的事迹，提供了真实可靠的珍贵史料。另外，该鼎为研究战国时期魏国的历史、地理、文字、青铜器、侯爵制度等也提供了很好的实物资料。由此可见这件鼎铭的重要意义。

附记　本文原刊于《文物》2009 年第 11 期，与褚卫红合作，此次略有改动。杨坤认为鼎盖中部铭文"安君㠱阴侯"可读为"㠱阴侯安君"[19]，此处铭文应右读，这样与珍秦斋所藏"信安、长阴侯安君"铜鼎所记"㠱阴侯安君"铭文完全一致。可备一说。在写作过程中，得到蔡运章、周建亚的指导帮助，特致谢忱！

19　杨坤《战国晋系铜器铭文校释及相关问题初探》，吉林大学硕士学位论文，2015 年，第 38 页。

# 宜 阳 戈

　　宜阳戈1999年出土于洛阳市宜阳县韩城乡城角村[1]，藏于宜阳县文化馆。铜戈为长胡三穿，援前部略上扬，脊部略隆，锋刃锐利，阑部突同一齿。内上一穿，内上下及尾部皆有刃。全身布满浅绿色铜锈。通长25.1、阑长12.2、内长9.1、内宽3.3厘米。重297.5克（图四〇）。内尾部竖刻铭文二行十三字（合文一）（图四一、四二），蔡运章撰文对铭文进行了考释（以下简称蔡文）。蔡文对戈铭释读如下：

　　　　□□□绒，宜阳库帀（工师合文）长（张）竦，冶市。

　　前三字因锈蚀严重而漫漶不清，无法识别。

　　蔡文认为，宜阳戈是战国中晚期铜戈常见的形制，戈铭字体具有

图四〇　宜阳戈

1　蔡运章《论新发现的一件宜阳铜戈》，《文物》2000年第10期。

 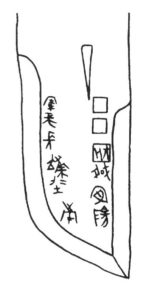

图四一　宜阳戈内部铭文　　　　图四二　宜阳戈内部铭文摹本

战国中晚期三晋兵器刻铭的风格。特别是三晋兵器的铸造者称"冶某"，而秦国兵器的铸造者称"工某"。蔡文据此进一步推断宜阳戈为韩器。甚确。

　　2000 年，黄锡全亦见到一件宜阳铜戈，与蔡文所报道的铜戈类同。该戈内尾部竖刻铭文二行十五字（合文一）。据铭文内容，可称之为二年宜阳戈。黄锡全对二年宜阳戈铭文释读如下（以下简称黄文）[2]：

二年命丽（？）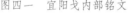（詩）宜阳

右库工师长（张）圤冶疠

2　黄锡全《新见宜阳铜戈考论》，《考古与文物》2002 年第 2 期。

黄文提到，韩国兵器的刻铭特点，所谓"命"当是令，即某地长官。一般作"某地令某某，某库工师某某，冶某"造。二年宜阳戈在"命"前无地名，不仅是二年宜阳戈如此，另外三件含"宜阳"铭文的战国铜戈亦如此。黄文认为，若按"命"前省略国都名"郑"来理解，目前没有确凿的证据。因此，黄文暂且将"命"理解为宜阳令，并作为宜阳兵器铭文的一特点。据此，二年宜阳戈铭文断句如下：

二年，命丽（？）鑾（詩），宜阳右库帀（工师合文）长（张）卜，冶瘍。

黄文认为，二年宜阳戈铭文与宜阳戈铭文格式及内容几乎一样。黄文据二年宜阳戈铭文，对蔡文所报道的宜阳戈铭文补充释读如下：

二（？）年，命丽鑾（詩），宜阳右库工师长（张）埔，冶市。

二年宜阳戈铭文与宜阳戈铭文相比，仅有细微差别。"卜"与"埔"音近（卜，帮母屋部。甫，并母鱼部），工师"张埔"（蔡文释为从"束"）与"张卜"说不定就是同一人，区别只是"冶"工之名，一名"市"，一名"瘍"。

"二年"，黄文认为是韩襄王二年。《史记·甘茂传》载："五年，秦拔我宜阳，斩首六万。"这次战役后，秦国占领韩国宜阳，此后再未见到记述进攻或夺取宜阳之事，故宜阳戈"二年"当指韩襄王二年，即公元前310年。公元前310处于战国中、晚期之际，与宜阳戈、宜阳二年戈的时代特征相符。估计这种襄王时期的铜戈上有铭文"宜阳"，不会出现"六年"。黄文对二年宜阳戈中"二年"的推断是合理的，但不能因此断定宜阳戈的纪年就是二年，有二年、三年、四年、五年几种可能。

"命丽諤"，黄文认为"命"理解为宜阳令，"丽諤"为宜阳令的姓名。

"宜阳右库工师张埔"，黄文在黄盛璋观点的基础上[3]，进一步指出：韩宜阳地方设有"右库"，与韩地虢、阳人设有"左库"，郖阴、安阳设有"右库"，魏国朝歌、宁地设有"右库"类同。韩国兵器铭文中常见"武库""左库""右库""生库"等，黄盛璋认为它们是"铸造兵器的冶"，即铸造兵器的机构[4]。许慜慧认为"'左库''右库''武库''生库'中制造兵器"[5]，亦认为它们是铸造兵器的机构。《说文·广部》："库，兵车藏也。"《礼记·曲礼下》："在库言库。"郑玄注："库，谓车马兵甲之处也。"可见，战国秦汉时期，库指存放车马、兵器等的场所。笔者认为，上述"武库""左库""右库""生库"，不是铸造兵器的机构，而是存放并管理兵器的机构。"工师"为工官之长，掌管工匠和官营手工业，其属官有丞和曹长[6]。"张埔"是工师的姓名。

"冶市"，"冶"即具体铸造兵器的冶工，"市"是他的名字。

宜阳戈铭文的意思是：韩襄王二年，（宜阳）令丽諤督造，宜阳右

3 黄盛璋《试论三晋兵器的国别和年代及其相关问题》，《考古学报》1974 年第 1 期。

4 黄盛璋《试论三晋兵器的国别和年代及其相关问题》，《考古学报》1974 年第 1 期。

5 许慜慧《古文字资料中的战国职官研究》，复旦大学博士学位论文，2014 年，第 251 页。

6 许慜慧《古文字资料中的战国职官研究》，复旦大学博士学位论文，2014 年，第 262 页。

库工师张埔监造，冶工市制造。

蔡文认为，宜阳在战国时期为周、秦和晋、楚之间的交通枢纽，具有重要的战略地位，韩国在这里设置铸造和贮藏兵器的机构，是很自然的事。宜阳县韩城乡城角村发现的这件铜戈，可能是韩国士兵在宜阳之役时使用的兵器。其说可从。

总之，两件宜阳铜戈的发现，为研究战国时期的文字、军事、兵器铸造、历史等问题，提供了珍贵的资料。

东周王城出土
战国铜器铭文
整理与研究

贰

# 秦铜器篇

# 我自铸铜铍

　　宜阳县文化馆收藏有一件自铭为"铍"的兵器，该兵器为洛阳宜阳一带出土。2011 年，赵晓军、蔡运章撰文对铍铭进行了考释，并对铜铍的起源、形制等问题进行了研究（以下简称赵、蔡文）[1]。2014 年，禤健聪对赵蔡文中释读为"少身"的铭文提出不同看法（以下简称禤文）[2]。

　　赵、蔡文对铜铍形制进行了描述，现摘录如下：

　　　　铜铍由身、格和茎（柄）组成。身扁平细长，前端稍窄，断面呈菱形，后端近格处有一横向浅槽。格已锈蚀松动，饰有"V"形鎏金纹饰与卷云纹。茎无镡、首，前部宽厚，后部细薄，中脊隆起，两侧有凹槽，断面近扁圆形，应便于接纳木柄。铸造精整，保存较好，周身布满浅绿色和红色锈斑，一侧刃部有劈裂痕迹。身长 41.7、最宽处 4.4 厘米，脊厚 1.1 厘米，格长 1.1、宽 4.8 厘米，茎长 10、宽 1.1～2.1 厘米，通长 52.8 厘米。重 795 克（图四三）。

　　铍身后部两侧有错金铭文两行八字（图四四、四五）。赵、蔡文释读为：

　　　　我自铸少身之用铍。

---

1　赵晓军、蔡运章《我自铸铜铍及其相关问题》，《文物》2011 年第 9 期。

2　禤健聪《释洛阳新出我自铸铜铍的"少卒"》，《古文字研究》第三十辑，中华书局，2014 年。

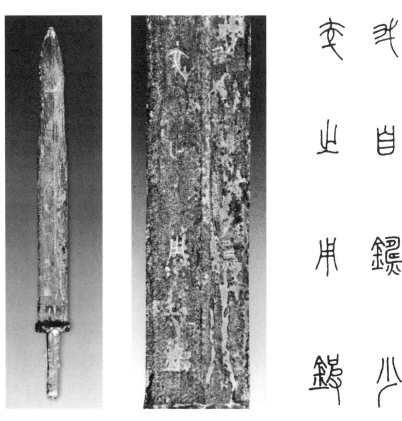

图四三 我自铸铜铍　　图四四 我自铸铜铍铭文　　图四五 我自铸铜铍铭文摹本

　　关于铜铍的年代，赵、蔡文认为，铜铍的形制与春秋晚期攻敔（吴）王光剑、战国早期戉（越）王州（朱）句剑相似，铭文与晋南出土的韩钟剑错金铭文的书法特征接近。韩钟即晋国列卿韩穿，活动的年代在公元前 583 ~ 前 565 年，属春秋晚期。因此，铜铍的年代当为春秋晚期，或迟不晚于战国早期。笔者认为，铍铭中"铸""卒"等字具有秦国文字特征，综合考察铜铍形制、铭文辞例、铭文字体风格，该铍应为战国早期秦国器物。

"我"，《说文·我部》："我，施身自谓也。"可见，"我"为第一人称代词。《论语·为政》："孟孙问孝于我，我对曰无违。"《论语·公冶长》："我不欲人之加诸我也。"《论语·述而》："不义而富且贵，于我如浮云。"以上文献中的"我"，均为第一人称代词。赵、蔡文认为，此处"我"当是铜铍铸造者的自我称谓，甚是。

"自铸"，与"自作"同义，自己铸造。西周、春秋时期的铜器铭文中，常见"自作"语例。

> 自作宝盘。（《集成》[3]10134、10139）
>
> 自作用其吉金宝盘。（《集成》10150）
>
> 唯曾子伯尹自作尊匜。（《集成》10207）
>
> 徐王义楚择其吉金，自作浣盘。（《集成》10099）
>
> 吴王光逗自作用戈。（《集成》11255）
>
> 自作其元戈。（《集成》11400）
>
> 吴王夫差自作用鎞。（《集成》11534）

"少身"，禤文指出铍铭中"身"字与战国文字"身"字相去甚远，不应是"身"字，当隶定为"卒"字，"少身"即"少卒"。其说可从。"少卒"见于文献记载，《史记·魏世家》："韩不说，以其少卒夜去。"十分有趣的是，与"少卒"相对，文献中还有"大卒"。禤文提到《国

---

3 中国社会科学院考古研究所《殷周金文集成》（修订增补本），中华书局，2007 年。

语》《史记》等文献中记载有"大卒"。《国语·楚语上》："故先王之为台榭也，榭不过讲军实，台不过望氛祥，故榭度于大卒之居，台度于临观之高。"韦昭注："大卒，王士卒也。"《史记·周本纪》："既入，立于社南大卒之左，左右毕从。"《史记·周本纪》："武王使师尚父与百夫致师，以大卒驰帝纣师。"《正义》："大卒，谓戎车三百五十乘，士卒二万六千二百五十人，有虎贲三千人。"可见，"大卒"为先秦时期的部队编制。与"大卒"相同，"少卒"亦当为部队编制。禤文指出，"少"指副，"卒"似可读同"萃"，指戎车部队，或者直接读为兵卒之"卒"。依训诂常例，如本字能讲通，则依本字释义，无需考虑通假。笔者认为此处"卒"指兵卒之"卒"。"大卒""少卒"一大一少，正相呼应，共同组成完整的部队编制。如若"大卒"是指主将所率领的主力部队，那么"少卒"当指副将所率领的"偏师"。

"我自铸少卒之用铍"，大意是作器者自己铸造了一件用于"少卒"这种部队编制的青铜铍。

我自铸铜铍的发现，具有重要意义。第一，该铍是目前所见年代最早且自铭为铍的兵器，为先秦时期铜铍的起源及发展演变提供了可信的资料。第二，赵、蔡文指出，以往所见春秋战国时期错金勒名的兵器，大者为王侯，小者为列卿，地位显赫。这件铜铍的铸造者自称为"我"，其身份当是春秋战国之际周王室或诸侯国的最高统治者。该铍为研究春秋战国之际最高统治者的铸兵情况提供了重要资料。

# 少 府 戈

2002 年 3 月，洛阳市宜阳县韩城乡城角村农民在村东南韩都宜阳故城东城墙外修水渠时，发现战国时期有铭铜戈一件，现藏洛阳市文物考古研究院。据其铭文内容，可称之为"少府戈"。

铜戈为长胡三穿，援身细长，脊部隆起，尖锋，阑部凸起。内上一穿，尾上部有缺。内上刻铭文"少府隴和"四字。戈通长 22、援长 13.2、援中宽 3、内长 8.7、内宽 3、阑长 12.2 厘米（图四六、四七）。

这件铜戈的形制具有战国中晚期铜戈的基本特征。铭文"府"字与寺工师初壶（《集成》09673）、雍工壶（《集成》09605）铭文中"府"字构形一致，明显具有秦国文字的风格。因此，该戈为战国中晚期秦戈。铭文"少府"为官署名，是战国时期韩秦诸国掌管手工业制造的机构。

图四六　少府戈

图四七　少府戈内
部铭文摹本

《战国策·韩策一》："谿子，少府时力、距来，皆射六百步之外。"《史记·苏秦列传》："少府时力、距来者，皆射六百步之外。"《索隐》："韩又有少府所造时力、距来二种之弩。"1966年在河北易县燕下都遗址出土一件秦国的"少府"铜矛[1]。

"隇和"，"隇"字从阜从襄，"襄"与战国"壤阴"方足小布"壤"字的右旁和"㩜垣"方足小布"㩜"字的左旁构形相近[2]，当隶定为隇。阜、土含义相近，如《说文·土部》有"陒，垝或从阜"；"陋，垔或从阜"。《侯马盟书》中"陭"或作埼[3]。皆是其证。《说文·土部》："壤，柔土也，从土、襄声。"故此字当为壤字别体。春秋、战国时期，秦国有壤姓。《史记·仲尼弟子列传》："壤驷赤，字子徒。"《集解》："郑玄曰：秦人。""呆"，上部从"口"，下部从"木"，与史孔盉、陈妨簋"和"字构形相似[4]，古疑为和字。"壤和"当是铸造此戈工匠的姓名。

宜阳故城是战国早期韩国的都城，也是韩国西部的军事要塞。战国中晚期秦、韩曾多次在这里发生战争。《战国策·韩策一》苏秦曰："韩北有巩洛、成皋之固，西有宜阳、常阪之塞。"据《秦策二》载，公元前308年秦武王"欲车通三川，以窥周室"，派相国甘茂"攻宜阳，五月而不能拔""秦死伤者众"。最后秦国终于攻取宜阳，"斩首六万"。多

1 河北省博物馆、文物管理处《河北省出土文物选集》，文物出版社，1980年，第147页。

2《中国钱币大辞典》编纂委员会《中国钱币大辞典·先秦编》，中华书局，1995年，第238、269页。

3 高明《古文字类编》，中华书局，1980年，第453页。

4 高明《古文字类编》，中华书局，1980年，第272页。

年来，在宜阳故城周围不断有战国时期的铜戈、铜镞等器物出土[5]。此戈出土的城角村东南，正位于韩都宜阳故城的西北隅。因此，这件铜戈当是秦、韩两国在这里多次发生战争的遗物。

后记　本文原刊于《文物》2004 年第 9 期，与褚卫红合作。2004 年，张振谦先生在《古籍研究》发表文章，对少府戈进行补释。他认为："釀和"应隶定为"杏陵"，只是与前两字书写方向不同。他进一步指出，"杏"字写法与《马王堆简帛文字编》第 226 页"杏"字的写法相似。"陵"字写法与《长陵番》"陵"字的写法相似，从戈铭之"陵"字的写法和"少府"的字体风格来看，此戈应为秦戈。"杏陵"应为地名，待考。"杏陵少府"指此戈为杏陵地方少府监造的戈[6]。如将"釀和"隶定为"杏陵"，从辞例上看没有问题。但是，戈铭四字乃一次刻成，不会在刻好前两字"少府"后，突然变换方向刻后两字。因此，将"釀和"释读为"杏陵"，证据不足。

---

5　蔡运章《韩都宜阳故城及其相关问题》，《甲骨金文与古史研究》，中州古籍出版社，1993 年。

6　张振谦《"少府"戈补释》，《古籍研究》2004 年第 2 期。

# 王二年相邦义戈

2010 年，洛阳文物收藏学会在征集社会流散文物时，发现一件传世的战国时期铭文铜戈，可称之为"王二年相邦义戈"。此戈传为洛阳出土，未见著录，现简要考释如下。

铜戈为长胡三穿，援身细长，脊部略隆，凹刃锋利，阑部突起，胡末有下齿。内上一穿，上下及尾部皆有刃。胡上三穿及内上单穿皆作不规则方形（图四八）。内上竖刻铭文"王二年，相邦义之造，西工封"三行十一字（图四九、五〇）。字体刻划工整，戈身布满薄薄一层红、绿色锈斑。通长 21.8、援长 13.2、援中宽 2.4、内长 7.6、内宽 3、阑长 12.4 厘米。

图四八　王二年相邦义戈

图四九　王二年相邦义戈内部铭文

图五〇　王二年相邦义戈内部铭文摹本

　　此戈与秦中期铜戈"王四年相邦张义戈"形制相似[1]，所刻铭文也明显具有秦国文字风格，当属战国中晚期秦戈。

　　"相邦义"，"义"读为"仪"，应即张仪。"仪"从"义"得声，可以通用。"义"通作"仪"，多有例证。《周礼·春官·肆师》"治其礼仪"，郑玄注："故书仪为义。郑司农云，义读为仪，古者书仪但为义。"《左传》昭公六年载"徐仪楚聘于楚"，而郐王义楚镐则铭曰"郐王义楚"[2]，将仪写作义。《大戴礼记·目录》"哀公问五义"，王聘珍解诂："义读曰仪。"《汉书·邹阳传》"东褒义父之后"，颜师古注"义读曰仪"。

　　此前已有相邦张义造铜戈两件，一件出土于广州西汉南越王墓，铭文为"王四年，相邦张义……"[3]；另一件收录于《殷周金文集成》，铭文为"十三年，相邦义之造……"（《集成》11394）[4]。秦设立相邦职位较迟。杨宽先生认为秦国正式设立相位是自张仪始，具体时间在公元前328年，而且是仿效三晋的制度[5]。张仪于秦惠文王十年（前328年）为秦相。《史记·张仪列传》云秦惠王十年"惠王乃以张仪为相"。《史记·六国年表》记秦惠王十年："张仪相。"更元后三年（前322年），

1　广州市文物管理委员会等《西汉南越王墓》，文物出版社，1991年，第316~317页，图版二二。

2　罗振玉《三代吉金文存》，中华书局，1983年，第1550页。

3　广州市文物管理委员会等《西汉南越王墓》，文物出版社，1991年，第316~317页，图版二二。

4　中国社会科学院考古研究所《殷周金文集成》（修订增补本），中华书局，2007年。简称《集成》。

5　杨宽《战国史》，上海人民出版社，2003年，第222页。

张仪受秦国指使而出任魏相。《史记·张仪列传》载立惠王为王第三年"相魏以为秦，欲令魏先事秦而诸侯效之……复阴厚张仪益甚"。《战国策·魏策一》曰："张仪以秦相魏，齐楚怒而欲攻魏。"七年乐池为秦相，八年乐池免，张仪复为相。《史记·秦本纪》载："七年，乐池相秦……八年，张仪复相秦。"此处七年、八年均指秦惠王更元后七年、八年。《史记·六国年表》亦载秦惠王更元八年"张仪复相"。直至秦武王元年（前310年）出走魏国，张仪一直担任秦国相邦。《史记·秦本纪》载："武王元年……张仪、魏章皆东出之魏。"《史记·六国年表》亦云秦武王元年："张仪、魏章皆出之魏。"秦惠文王更元后三年至七年，张仪虽相魏，其目的是为秦国，实际上还兼任秦国相邦，这一时期秦国也未任命新的相邦[6]。从秦惠文王十年（前328年）至秦武王元年（前310年）共十九年时间，仅乐池为秦相一年，其他时间均是张仪为相，可见张仪实际上担任秦相的时间共十八年。

"王二年"，从前述张仪任秦相的时间可知，"王二年"显然指秦惠文王更元后二年，即公元前323年。目前所见秦惠王时期铸造的铜戈，有两种纪年方式，或曰几年，或曰王几年。前者如十三年相邦张义戈（《集成》11394）；后者如王四年相邦张义戈[7]，王五年[8]、王六年上郡守

6 广州市文物管理委员会等《西汉南越王墓》，文物出版社，1991年，第316~317页。

7 广州市文物管理委员会等《西汉南越王墓》，文物出版社，1991年，第316~317页。

8 周尊生《"王五年上郡守疾戟"考》，《人文杂志》1960年第3期。

疾造戈[9]。秦惠文王于公元前 324 年改元，改元前直称几年，改元后则称王几年。目前所发现的三件相邦张义戈，均为秦惠文王世，证实杨宽的观点是可靠的[10]。

"之造"，见于春秋战国时期兵器铭文[11]，同春秋时期的卫公孙吕戈铭"卫公孙吕之造戈"（《集成》11200）、郳侯戈铭"郳侯之造戈五百"（《集成》11202）、宋公差戈铭"宋公佐之造戈"（《集成》11204）、邾大司马戈铭"邾大司马之造"（《集成》11206），战国时期的析君戟铭"析君墨胥之造戟"（《集成》11214）、大良造鞅戟铭"大良造鞅之造戟"（《集成》11279）、十三年相邦义戈铭"相邦义之造"（《集成》11394）等。可训为"所造"。

"西工封"，"西"应指陇西郡西县。《史记·封禅书》载："西亦有数祠。"《索隐》云："西即陇西之西县，秦之旧都。"《史记·封禅书》又载有"秦襄公既侯，居西垂"，《正义》曰："汉陇西郡西县也。""西"作为地名，也见于战国时期铜器铭文。廿年相邦魏冉戈铭文有"西工师盾"[12]，1978 年宝鸡出土的廿六年秦戈铭文有"西工宰阉"[13]。李学勤认为廿六年秦戈铭中"西"即指陇西郡西县[14]，甚确。铜戈铭文进一步

9　王辉《秦铜器铭文编年集释》，三秦出版社，1990 年，图版 28。

10　杨宽《战国史》，上海人民出版社，2003 年，第 222 页。

11　陈邦怀《金文丛考三则》，《文物》1964 年第 2 期。

12　何琳仪《战国文字通论》，江苏教育出版社，2003 年，第 182 页。

13　李学勤《秦国文物的新认识》，《文物》1980 年第 9 期。

14　李学勤《秦国文物的新认识》，《文物》1980 年第 9 期。

证明战国中晚期秦在其西部边陲一直设置陇西郡西县。战国时期，秦及三晋兵器多为三级监造[15]。就秦国来说，如是中央监造，监造者多为相邦或丞相；如为地方监造为，监造者多为"守"亦即令。主办者一般为工师、丞、工大人。具体铸造者多为工[16]。"工"，为铸造此戈之工官；"封"，工官之名。这件王二年相邦义戈的监造者为相邦张仪，具体铸造者为名"封"的西县之工官。

王二年相邦义戈由张仪监造，是战国时期级别最高的铜戈之一。目前所发现的能确定为秦惠文王时期的兵器并不多见。此戈不但保存完好，并且能确定为秦惠文王更元二年（前323年）所造之器，对于秦国兵器的分期断代具有重要意义，为研究秦国的文字、历史和郡县制度等问题有一定的参考价值。

附记　本文原刊于《文物》2012年第8期。文章在写作过程中，得到三峡大学袁金平的帮助，褚卫红摹写铭文，在此一并致谢。

15　黄盛璋《试论三晋兵器的国别和年代及其相关问题》,《考古学报》1974年第1期；何琳仪《战国文字通论》，江苏教育出版社，2003年，第179~184页。

16　刘余力等《高陵君弩机考》,《中国历史文物》2009年第1期。

# 中府铜鍪

　　1980 年，洛阳市宜阳县韩城乡秦王寨村出土一件战国铜鍪，现藏宜阳县文化馆。据其铭文内容，可称之为"中府铜鍪"。2005 年，赵晓军、刁淑琴发表论文《洛阳宜阳发现秦铜鍪及其相关问题》（以下简称《问题》）[1]，对铜鍪进行了介绍并就相关问题给予了考释。2008 年，裘锡圭撰写论文《谈谈三年垣上官鼎和宜阳秦铜鍪的铭文》（以下简称《铭文》）[2]，对铜鍪铭文的释读提出了不同意见。

　　该鍪为侈口，束颈，圆腹，圜底，颈肩之间附有一绹纹竖环耳，耳下肩部饰凸弦纹一周。口径 9.4、腹径 13.5、高 12.2 厘米，重 660 克（图五一）。

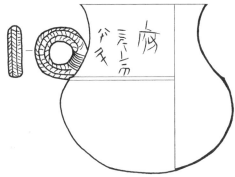

图五一　中府铜鍪　　　　　　图五二　中府铜鍪铭文摹本

---

1　赵晓军、刁淑琴《洛阳宜阳发现秦铜鍪及其相关问题》，《文物》2005 年第 8 期。
2　裘锡圭《谈谈三年垣上官鼎和宜阳秦铜鍪的铭文》，《古文字研究》第二十七辑，中华书局，2008 年。

《问题》认为铜鍪年代当在秦武王时期或秦昭襄王晚期，即约公元前 3 世纪末。可从。铜鍪颈下至肩部竖刻铭文三行八字（图五二），《问题》释读为：

府，二斤十一两，伞（半）斗。

"府"，《铭文》认为《问题》释为"府"的字，实际上是两个字。《铭文》指出：从所发表的铜鍪局部照片看，"府"字上有一长竖。此竖在铜鍪线图所摹铭文中摹得比较短，但仍可看出并非"府"字上端所应有的短竖。细审局部照片，在长竖中部偏上处，尚有较浅的刻划，似为刻得不规则的扁圆形。因此，《铭文》认为"府"字可以释为"中府"二字。笔者赞同《铭文》的观点，"府"字上一竖笔，为"中"字的竖笔，"中"字的其他笔画，因磨损严重而不清。

西安北郊相家巷出土有"中府丞印"秦封泥。《榖梁传·僖公三年》："则是我取之中府，藏之外府。"《汉书·田叔传》："发中府钱，使相偿之。"颜师古注："中府，王之财物藏也。"《汉书·东方朔传》："令中府曰……"颜师古注："中府，掌金帛之藏者也。"可见，中府为皇后、皇太后、王后、太子、公主、诸侯王等存放金帛、贵重财物之所[3]。

"二斤十一两"，是指铜鍪自身的重量。战国时期秦国一斤约合今250 克，16 两为一斤。按秦制，"二斤十一两"约合今 672 克。经实测，铜鍪重 660 克，自铭重量与实测重量略有差距，当是铸造技术产生的误差。

---

3 周晓陆、路东之《秦封泥集》，三秦出版社，2000 年，第 176～177 页。

"半（半）斗"，是指铜鍪的容量。《问题》认为"半"字上半部从"八"，下半部右边笔画磨损，左边的斜竖笔中间有一短横画，与三年垣上官鼎中"半"字的构形相似，故释为"料"，读为"半"。《铭文》不同意《问题》的观点，《铭文》指出：以"半"为"半"是三晋文字的特点，秦系文字的"半"，下部均作"牛"或与之相近之形。此鍪是秦物，铭文风格也属秦文字，"斗"上之字虽然下部严重磨损，也应径释为"半"。当以《铭文》中的观点为是，径释为"半"。战国时期秦国一斗约合今 2000 毫升[4]，"半斗"约为 1000 毫升。经实测，该铜鍪容水 1000 毫升，自铭容量与实测容量完全吻合。

宜阳故城是战国早期韩国的都城，也是韩国西部的军事要塞。战国中晚期，秦、韩曾多次在这里发生战争。多年来，在宜阳故城周围不断有战国时期的兵器出土[5]。《问题》谈到，出土铜鍪的秦王寨村东距宜阳故城约 1000 米，相传是秦国攻打宜阳时的军事据点，也是秦军东进的必经要道。铜鍪是秦国军队常用的炊具。这件铜鍪可能是秦军攻打宜阳故城或后来东进时的遗物。笔者赞同这种观点。

中府铜鍪的发现，为研究战国时期的历史、文字、度量衡制度等问题提供了珍贵的资料。

---

4 丘光明等《中国科学技术史·度量衡卷》，科学出版社，2003 年，第 169 页。

5 蔡运章《韩都宜阳故城及其相关问题》，《甲骨金文与古史研究》，中州古籍出版社，1993 年；蔡运章《论新发现的一件宜阳铜戈》，《文物》2000 年第 10 期；刘余力、褚卫红《洛阳宜阳县城角村发现战国有铭铜戈》，《文物》2004 年第 9 期。

# 苏 公 鼎

2009 年，洛阳市宜阳县三乡镇西王村村民在取土时，发现战国时期有铭铜鼎 1 件。铜鼎现藏于洛阳理工学院文物馆。鼎自铭"苏公鼎"，故以自铭名之为"苏公鼎"。今不揣鄙陋，就铭文的释读及相关问题，略作考述。

鼎口部微敛，沿内折作子口，为扁圆形深鼓腹，腹上部附微向外撇的长方形双耳，圜底，三兽蹄形短足。盖隆起呈弧形，上有三环形纽，纽上各有一乳状突起。腹中部饰凸弦纹一周。整器造型浑厚大气，制作十分精美，通体布满薄薄一层浅绿色铜锈，间有黄或蓝色锈斑（图五三）。腹下和足部有明显的范铸痕迹。口沿一侧自右而左横刻"安居，穌公鼎，二斗二升"一行共九字（图五四、五五）。通高 22、口径 20.8、腹径 22.4、耳宽 25.6 厘米，重 3900 克，容水 4500 毫升。铭刻笔画流畅，字体秀美。铭文明显具有战国时期秦国文字的风格，如"安"字与"贾安"秦印中"安"字构形相似[1]，"居"字与秦封泥中"居"字构形相类[2]，"鼎"字与秦"中敁鼎"中"鼎"字构形相同[3]。该鼎与战国晚期秦"仓端王义鼎"形制相类[4]，当属战国晚期秦国的器物。

1 马锦强《珍秦斋藏印·秦印篇》，临时澳门市政局、文化暨康体部，2004 年，第 22 页。

2 徐在国、程燕、张振谦编著《战国文字字形表》（中），上海古籍出版社，2017 年，第 1226 页。

3 咸阳市博物馆《陕西咸阳塔儿坡出土的铜器》，《文物》1975 年第 6 期。

4 刘余力《仓端王义鼎铭文考释》，《文物》2014 年第 8 期。

图五三 苏公鼎

图五四　苏公鼎铭文

图五五　苏公鼎铭文摹本

## 一　"安居"释读

"安居"，铜器铭文中首见。古代文献和工具书对"安居"的记载，分为两类，一类为吉语，另一类为地名。

（一）吉语说

《史记·仲尼弟子列传》："夫闻也者，色取仁而行违，居之不疑。"《集解》引马融曰："此言佞人也。佞人假仁者之色，行之则违；安居其伪而不自疑。"此处"安居"即安然之意。《汉书·贾谊传》:"是与太子宴者也。"颜师古注曰:"宴谓安居。"此"安居"谓安宁也。《礼记·王制》:"中国、夷、蛮、戎、狄,皆有安居。"《汉书·文帝纪》:"封圻之内勤劳不处。"颜师古注曰:"圻亦畿字。王畿千里。不处者,不获安居。"《汉书·武五子传》:"裴回两渠间兮,君子独安居!"以上《礼记》《汉书》中所言"安居",皆谓安居乐业。可见,先秦两汉时期,"安居"有安然、安宁或安居乐业的意思,可视为吉语。战国时期,玺印上常出现吉语。鼎上出现吉语,就已公布的资料而言,此为孤例。因此,鼎铭"安居"应不是吉语。

(二)地名说

《中国古今地名大辞典》收录有"安居店""安居县""安居镇"等三个地名[5],并对这些地名进行了解释。"安居店,在湖北随县西四十里涢水北岸。""安居县,北周置柔刚县,又置安居郡,隋郡废,改县曰安居,在四川遂宁县西南四十里。""安居镇,在山东济宁县西南二十里马场湖南滨。"以上文献记载的三处"安居",分别位于今湖北、四川、山东境内。

战国时期的铜器铭文,常见记地名+其他。依战国铜器铭文辞例,铭文"安居"应为地名。该鼎属战国晚期秦鼎,"安居店""安居县""安居镇"设置年代都在东汉以后。"安居县"在今四川东部遂宁市,该地战国晚期被秦国占领;"安居店""安居镇"所在之地并不属于秦国统治区域,因此鼎铭"安居"与上述三处安居无关,应是不见文献记载的一

5 臧励和等编《中国古今地名大辞典》,上海书店出版社,2015年,第305页。

个战国时期地名。笔者遍检《左传》《战国策》及《二十五史》，未见先秦时期名为"安居"的地名。"安居"之所在，还需要进一步研究。

## 二　先秦时期的苏氏苏公

铭文"稣公鼎"：稣，读为蘇，即苏字。《说文·禾部》王筠句读曰："稣，今亦作蘇。"《广雅·释言》："朔，稣也。"王念孙疏证曰："稣，通作蘇。""苏"，氏也；"公"一为爵称，一为尊称。所谓爵称，是严格按照其爵位而称呼，称公，则其必为诸侯国之君；所谓尊称，指不严格按其爵位称呼，只要他担任一定官职，则可称其为公。当公为爵称时，指公、侯、伯、子、男等五等诸侯。《逸周书·大子晋》"谓之公"，朱右曾集训校释："凡五等诸侯，其臣下皆称之曰公。"《春秋·僖公五年》："冬，晋人执虞公。"范甯注："五等诸侯，民皆称曰公。"当公为尊称时，指大臣。《论语·述而》"叶公问孔子于子路"，刘宝楠正义曰："诸侯臣得称公。"《仪礼·士丧礼》"升公卿大夫"，郑玄注："诸侯之臣亦称公也。"可见，先秦时期，亦将大臣尊称为公。苏氏乃黄帝第三子颛顼的后裔，曾受封于苏地。《元和姓纂》卷三载："苏，颛顼、祝融之后，陆终生昆吾，封苏。"《通志·氏族略》载：苏氏"己姓，颛帝裔孙吴回为重黎，生陆终生昆吾，封于苏"。可见，苏因封地而为氏，最早见于五帝时期。

西周早期，历史上出现过一位有名的苏公，即苏忿生。他是西周的开国功臣，与周公、召公齐名。《汉书·古今人名表》载有苏忿生，师古曰："武王师寇苏公。"《左传·成公十一年》载："昔周克商，使诸侯抚封，苏忿生以温为司寇。"杜预注："苏忿生，周武王司寇苏公也。"苏忿生为周武王时的司寇，曾被分封位于温地的苏国。《尚书·立政》周公若曰："太史！司寇苏公式敬尔由狱，以长我王国。"孔颖达正义云："忿生为武王司寇，封苏国也。"《汉书·地理志》云温"故国，己姓，苏忿生所封。"可见，苏忿生曾为苏国诸侯，将苏忿生称为"苏公"，应是爵称。

西周晚期，苏忿生之后又出了一个苏公，即《诗经·小雅》"彼何人斯"的作者，他敢于讽刺暴公。《诗经·小雅·何人斯》毛亨传："苏公刺暴公也。暴公为卿士而谮苏公焉。故苏公作是诗以绝之。"孔颖达正义："何人斯者，苏公所作以刺暴公也。暴公为王卿士而于王所谗谮，苏公令使获谴焉，故苏公作是何人斯之诗以绝之言，暴公不复兴交也……苏公亦为卿士矣。"西周晚期有一件"苏公"铭文簋，簋铭所记"苏公"[6]，应该与《诗经》中的苏公是同一人。苏公与暴公都是周王室的卿士，因暴公在周王面前献谮诬陷苏公，苏公写诗讽刺暴公并与之绝交。西周晚期，苏公不仅为周王室重臣，同时也是苏国诸侯王，此时苏公还是爵称。

春秋时期，虽未发现文献中有言"苏公"者，但文献中却出现了"苏子"。《史记·周本纪·正义》："苏忿生十二邑，桓王夺苏子十二邑与郑，故苏子同五大夫伐惠王。"《左传》对这件事也有记载，《左传·隐公十一年》曰："王取邬、刘、功芳、邘之田于郑，而与郑人苏忿生之田温、原、丝希、樊、隰郕、欑茅、向、盟、州、陉、隤、怀。"上引文献是说：原属苏忿生的十二块土地，被周桓王强行夺走并给了郑国，苏忿生的后人苏子因此心

---

6　罗振玉《三代吉金文存》，中华书局，1983 年，第 728 页。

生怨恨，带兵讨伐周惠王。这里的苏子，就是苏忿生的后代。之后，苏子又怂恿五大夫叛乱，并携子颓出奔卫国。《左传·庄公十九年》载："故为国、边伯、石速、詹父、子禽祝跪作乱，因苏氏。秋，五大夫奉子颓以伐王，不克，出奔温。苏子奉子颓以奔卫。"《左传·僖公十年》载："十年春，狄灭温，苏子无信也。苏子叛王即狄，又不能于狄，狄人伐之，王不救，故灭。苏子奔卫。"可见，公元前 650 年，有苏氏之国被狄人所灭，苏子也出奔卫国。苏国虽然不存在了，但苏子仍有一定影响力，仍活跃在政治舞台。公元前 617 年，苏子还曾与人结盟于女栗。《春秋》经、传皆载：文公十年"秋七月，及苏子盟于女栗"，而与苏子结盟的人，疑为鲁文公[7]。春秋时期的苏子，在苏国灭国前，是苏国国君，苏子是爵称；苏国灭国后，文献仍称苏子，可能是延续之前的称呼，此时的苏子，应是尊称。值得注意的是，文献中所记载的苏子，其活动时间从春秋早期直至春秋中期近百年。笔者推测应不是同一人，可能是二代或多代"苏子"。

## 三 鼎铭中的苏公

亡国后的苏氏开始向其他地方迁移。据文献记载，苏氏在战国时期主要居住地有今河南洛阳、陕西关中等地[8]。苏秦、苏厉、苏代三兄弟是

---

7 杨伯峻《春秋左传注》，中华书局，1990 年，第 575 页。

8 张新斌《苏姓源于苏门山——关于苏姓起源与播迁的研究》，《河南师范大学学报》1994 年第 4 期。

战国时期洛阳苏氏家族中最著名的人物，其中尤以苏秦为首。《史记·苏秦列传》："苏秦者，东周雒阳人也。"《索隐》："盖苏忿生之后，己姓也。"汉代大学者王符也这样认为："周武王时，有苏忿生为司寇而封温。其后洛邑有苏秦。"[9] 洛阳太平庄村出土有唐代"武安君六国丞相苏公墓"碑。《新唐书·宰相世系表》云："苏忿生为周司寇，世居河内，后徙武功杜陵，至汉代郡太守建，徙扶风平陵，封平陵侯。"可见，战国时期在今河南洛阳和陕西关中，均居住有苏氏家族。一般而言，生活在战国时期关中地区的苏氏家族，位于秦国的核心区域，应属秦人；生活在战国时期洛阳一带的苏氏家族，位于两周的核心区域，应属周人。

此鼎为秦鼎，则可认为铜鼎的主人是秦人。为何属秦人的苏氏家族中的一员，其所用之鼎会出现在两周统治的区域呢？原来，随着秦人势力的东扩及秦最后灭掉两周国，部分秦人也迁到洛阳一带。《史记·周本纪》载：周赧王五十九年（前256年），秦昭王灭西周，西周君"尽献其邑三十六，口三万"。"周君王赧卒，周民遂东亡"。后七年（前249年），秦庄襄王灭东周。战国晚期，洛阳地区的秦墓急剧增多[10]，如1986年底至1987年初在洛阳孙旗屯发现3座[11]，1993年在洛阳洛龙区原洛阳钢厂发现6座[12]，1998年在洛阳西郊于家营发现6座[13]。这些战国晚期秦墓，

9 〔汉〕王符《潜夫论笺》，中华书局，1979年，第419页。

10 刘建安《洛阳地区秦墓探析》，《华夏考古》2010年第1期。

11 洛阳市第二文物工作队《洛阳孙旗屯秦国墓葬》，《中原文物》1987年第3期。

12 洛阳市文物工作队《洛阳钢厂秦墓发掘简报》，《华夏考古》1997年第3期。

13 洛阳市第二文物工作队《洛阳于家营秦墓发掘简报》，《文物》1998年第12期。

是秦国灭掉两周后，将秦人迁居洛阳的明证。此次宜阳发现战国晚期的"苏公鼎"，也应是秦人占领洛阳后，苏氏家族从陕西关中迁至河南洛阳，在洛阳居住生活所留下的遗物。

《战国策·赵策一》李兑舍人谓李兑曰："臣窃观君与苏公谈也，其辩过君，其博过君，君能听苏公之计乎？"其中的"苏公"就是苏秦。鼎铭中的"苏公"，是否就是苏秦呢？如若是苏秦，苏秦生活在洛阳，属周人，与铜鼎为秦鼎矛盾。自春秋时期苏国灭国后，作为诸侯国的苏国不复存在，因此战国时期文献中的"苏公"，应是尊称而不是爵称，即对某位苏氏贵族的称呼。鼎铭中的"苏公"到底指谁，有待于考古资料的新发现和研究的进一步深入。

## 四　铜鼎的容量

铭文"二斗二升"，斗、升是战国时期秦、韩、赵、东周诸国常用的容量单位。战国时期，一斗等于十升。"苏公鼎"自铭"二斗二升"，经实测容水 4500 毫升，则一升约合现在 204.5 毫升。河南洛阳发现的"仓端王义鼎"铭"一斗"，实测容量 2000 毫升[14]，一升约合今 200 毫升。陕西咸阳塔儿坡出土的"中敢鼎"铭"六斗"，实测容量 12000 毫升[15]，一升约合今 200 毫升。宁夏固原出土的"咸阳鼎"铭"一斗三升"，实测

---

14　刘余力《仓端王义鼎铭文考释》，《文物》2014 年第 8 期。

15　咸阳市博物馆《陕西咸阳塔儿坡出土的铜器》，《文物》1975 年第 6 期。

容量 2500 毫升 [16]，一升约合今 192.3 升。综合以上战国时期秦国铜器所记容量及实测数据，可知秦国的一升相当于现在 200 毫升 [17]。

此鼎为秦鼎，铸造于战国晚期的秦国。后因鼎主人迁徙至今河南洛阳，该鼎也被带到洛阳。作为秦人的苏氏，在战国时期主要居住在今陕西关中一带，"安居"的地望也应在今陕西关中。"安居"作为地名，此处是目前所见最早出现的例子，极大地补充了文献记载的不足。"苏公"，战国时期的铜器铭文首见。该鼎对于研究战国时期苏氏家族，具有特别重要的意义。该鼎的发现，为研究秦国的文字、历史、地理、度量衡等，提供了珍贵的实物资料。

附记　本文原刊于《江汉考古》2021 年第 4 期。洛阳市文物考古研究院褚卫红摹写铭文，谨致谢忱。

16　宁夏回族自治区博物馆《宁夏回族自治区文物考古工作的主要收获》，《文物》1978 年第 8 期。

17　丘光明等《中国科学技术史·度量衡卷》，科学出版社，2001 年，第 169 页。

# 高陵君弩机

2008 年，洛阳理工学院文物馆在征集社会流散文物时，发现一件秦国有铭铜弩机。据弩机铭文内容，可称之为"高陵君弩机"。该弩机传为甘肃天水出土，具体情况不详。兹作简要考述。

该弩机十分完整，由望山、钩牙、悬刀、牛、栓塞（键）组成。整器保存完好，造型精致、机件灵活。通体布满浅绿色锈，间有蓝或黄色

图五六　高陵君弩机　　　　图五七　高陵君弩机铭文　　图五八　高陵君
　　　　　　　　　　　　　　　　　　　　　　　　　　　　弩机铭文摹本

锈斑。望山较高，顶端呈弧状尖角、底部呈圆弧形，长 5.5、宽 1.0、厚 0.4、枢孔径 0.55 厘米。钩牙大体呈半圆形，长 3.05、宽 2.85、厚 1.0、两牙间距为 0.8 厘米，钩牙挂弓弦接触面为平面。望山与钩牙的高差为 2.3 厘米。悬刀呈长条形、上部略宽略厚、下部略窄略薄，长 9.1、宽 1.0 ~ 1.1、厚 0.5 ~ 0.4 厘米。其上卡槽为方形。牛长 4.5、宽 1.9、厚 0.6、枢孔径 0.6 厘米。两件栓塞长均为 2.7 厘米，直径均为 0.5 厘米。整器重 140 克（图五六）。在悬刀侧面刻划有铭文 1 行共 9 字，为秦系文字，铭文为：十九年，高陵君，工起，金（图五七、五八）。从弩机造型、特别是望山较高且未出现郭以及所刻划的铭文内容、字体分析，该弩机应是战国晚期秦国的器物。

"高陵君"：名悝，是秦昭王的同母弟。《史记·秦本纪》载："封公子市宛，公子悝邓"，《索隐》："悝号高陵君，初封于彭，昭襄王弟也。"也有文献称高陵君名显。《史记·苏秦列传》曰："然则王何不使可信者接收燕、赵，令泾阳君、高陵君先于燕、赵？"《索隐》曰："二人，秦王母弟也。高陵君名显。泾阳君名悝。"《战国策·燕策一》对这件事也有相似的记载："今王何不使可以信者接收燕、赵。今泾阳君若高陵君先于燕、赵，秦有变，因以为质，则燕、赵信秦矣。"《史记·穰侯列传》载："而昭王同母弟曰高陵君。"《索隐》高陵君"名显"。《史记·范睢蔡泽列传》亦曰："而泾阳君、高陵君皆昭王同母弟也。"高陵君到底名显还是名悝，由于司马贞索隐有自相矛盾之处，也引起后世学者的争论。我们认为高陵君乃名悝。《史记·秦本纪》将公子市与公子悝并举，二者均为秦昭王同母弟，公子悝还被称为"叶阳君"。《史记·秦本纪》：

"叶阳君悝出之国，未至而死。"而据徐复先生考证，叶阳君即高陵君 [1]，名悝。《战国策·赵策》吴师道注："叶阳，公子悝；泾阳，公子市。"吴镇烽先生也赞同高陵君与叶阳君同为公子悝的封号 [2]。高陵君为秦昭王时举足轻重的人物，其事迹还见于下列文献。

《史记·穰侯列传》载："昭王于是用范雎。范雎言宣太后专制，穰侯擅权于诸侯，泾阳君、高陵君之属太侈"。

《史记·范雎蔡泽列传》载："闻秦之有太后、穰侯、华阳、高陵、泾阳，不闻其有王也。""今臣闻秦太后、穰侯用事，高陵、华阳、泾阳佐之，卒无秦王。"

值得注意的是，《史记》《汉书》还记载有另一名显的高陵君。《史记·项羽本纪》曰："道遇齐使者高陵君显""初，宋义所遇齐使者高陵君显在楚军"。《汉书·陈胜项籍传》载："乃使宋义于齐。道遇齐使者高陵君显。"此高陵君显乃战国末年齐国使者，与昭王弟高陵君时

1  徐复《秦高陵君又号叶阳君辨》，《秦会要订补》，中华书局，1959 年。

2  吴镇烽《高陵君鼎考》，《第二届国际中国古文字学研讨会论文集》，问学社有限公司，1993 年。

代国别均异，显然是两个人。笔者推测，司马贞《索隐》之所以曰高陵君名显、又曰高陵君名悝，可能是将这两位高陵君混淆之故。可见，高陵君本名悝，为秦昭王同母弟。初封于高陵，后封于彭，公元前291又封于邓，是秦昭王时期著名封君之一，为当时秦国极有影响的将军。战国时期，很多封君皆因封地而得名，如魏国的信陵君、中山君；赵国的平阳君、平陵君；韩国的山阳君，又名成阳君、市丘君、阳城君，秦国的蓝田君、严君、泾阳君等。高陵君之得名，应为其封地名高陵之故。

高陵，即今陕西省高陵县，见于文献记载。《史记·苏秦列传》载："然则王何不使可信者接收燕、赵，令泾阳君、高陵君先于燕、赵？"《集解》徐广曰："冯翊高陵县。"《史记·秦始皇本纪》曰："秦每破诸侯，写放其宫室，作之咸阳北阪上，南临渭，自雍门。"《集解》徐广曰："在高陵县"。《史记·孝文本纪》曰："乃命宋昌参乘，张武等六人乘传诣长安。至高陵休止。"《正义》引《括地志》云："高陵故城在雍州高陵县西南一里，本名横桥，架渭水上。"《汉书·宣帝纪》载："京辅都尉广汉。"师古曰："左辅都尉治高陵。"《汉书·地理志》曰："左冯翊，故秦内史……县二十四：高陵，左辅都尉治。莽曰千春。"可见，高陵县在今西安一带，西周时期为高陵邑，战国秦孝公时置高陵县。汉代隶属左冯翊，左辅都尉治，王莽篡位后改为千春。高陵因境内奉政原高隆而得名。清光绪《高陵县续志》："高陵，秦县名。《尔雅》：大阜曰陵。郭子章云：县南有奉政原，高四五丈，高陵之名所由昉也。"

关于高陵君的另一封地彭，应在今陕西西部、甘肃东部一带。彭国在商代晚期已经出现，武王伐纣时，彭国也曾参与其中。《史记·周本纪》武王曰："我有国冢君，司徒、司马、司空，亚旅、师氏，千夫长、百夫长，及庸、蜀、羌、髳、微、纑、彭、濮人。"《集解》引孔安国曰："八国皆蛮夷戎狄。羌在西。蜀，叟。髳、微在巴蜀。纑、彭在西北。"《正义》引《括地志》云："陇右岷、洮、丛等州以西，羌也。姚府以南，古髳国之地。戎府之南，古微、泸、彭三国之地。濮在楚西南。有髳州、微、濮州、泸府、彭州焉。武王率西南夷诸州伐纣也。"我们认为，彭地应在今陕西西部、甘肃东部一带，亦即今甘肃镇原一带。

镇原县东汉设有彭阳县，隋代改为彭原县，唐代又改设彭州。此彭地恰好位于丰镐之西北，应是协助武王伐纣的彭国，也应是高陵君所封之彭地。更为重要的是，1956 年陕西陇县曾出一件高陵君鼎[3]，这次天水一带又出高陵君弩机，应当不是偶然的巧合。

陇县、天水与镇原邻近，均位于陕西西部与甘肃东部交界处。这两件高陵君器的出土，充分说明高陵君曾在陕西西部、甘肃东部一带活动过，进一步证明其所封之彭地在今甘肃东部镇原一带，应是可靠的。关于高陵君的又一封地邓，吴镇烽先生考证其在今河南郾城一带，其说可从[4]。

---

3　吴镇烽《高陵君鼎考》，《第二届国际中国古文字学研讨会论文集》，问学社有限公司，1993 年。
4　吴镇烽《高陵君鼎考》，《第二届国际中国古文字学研讨会论文集》，问学社有限公司，1993 年。

"十九年"：高陵君为秦昭王同母弟，且秦昭王在位 56 年（前 306 ~ 前 251 年），因此此处当为秦昭王十九年无疑，即公元前 288 年。

"工起"：工，为铸造此弩机之工官；起，是其名字。战国时期，秦国及三晋兵器一般实行三级监造，即监造者、主办者、造者。就秦国来说，如是中央监造，监者多为相邦或丞相；如为地方监造，监者多为"守"，亦即令。主办者一般为工师、丞、工大人；具体铸造者多为工[5]。就此件弩机来讲，只有二级监造，监造者为高陵君、铸造者为起。

"金"：先秦时期习惯称铜为金，应是表明该弩机为铜质。春秋战国时期，有一些青铜器上铸有金字，表明此类器物十分珍贵，如繁阳之金剑、鄝金戈[6]，保利艺术博物所藏的春秋时期的金盉，上海博物馆所藏的春秋时期巴金锺等，均为此类性质。

战国时期秦国的刻铭弩机并不多见，该弩机不但保存完好，而且刻有纪年，更是不可多得。该弩机的发现，进一步证明高陵君即公子悝，

5 黄盛璋《试论三晋兵器的国别和年代及其相关问题》，《考古学报》1974 年 1 期；何琳仪《战国文字通论（订补）》，江苏教育出版社，2003 年，第 179 ~ 184 页。

6 程长新、张先得《历尽沧丧重放光华——北京市拣选古代青铜器展览简记》，《文物》1982 年第 9 期。

且曾封于彭地，即今甘肃东部镇原一带，为研究战国时期秦国的兵器提供了珍贵材料。同时，也为研究秦国文字、历史、地理、侯爵制度等提供了很好的实物资料。

附记　秦凤鹤认为起金连读，为工官之名[7]，可备一说。本文与周建亚、潘付
　　　生合作，原刊于《中国历史文物》2009 年第 1 期。文章写作过程中，
　　　得到蔡运章的指导，褚卫红摹写铭文，在此一并致谢。

7　秦凤鹤《甘肃出土先秦两汉青铜器铭文整理与研究》，西北师范大学硕士学位论文，2012 年，
　　第 134 页。

# 仓端王义鼎

　　2012 年，洛阳文物收藏学会在征集社会流散文物时，发现一件传世的战国时期铭文铜鼎。据其铭文内容，可称之为"仓端王义鼎"。此鼎为洛阳出土，未见著录。下面对铭文的释读及相关问题，略作考述。

　　鼎口部微敛，沿内折，子口，扁圆形深腹。腹上部附有略向外撇的长方形双耳，腹下部内收，圜底，三兽蹄形短足较粗壮。盖隆起呈弧形，上有三环形纽，纽上各有一凸起的乳丁。腹中部饰凸弦纹一周。整器呈扁球体状，造型工整浑厚，制作精良，器身稀疏分布浅绿色锈，绿锈下面通体呈红黄色。器盖、身外部有多处范模垫片痕迹，腹下和足部有明显范铸痕迹。通高 17.2、口径 14.4、腹径 17.6、耳宽 22 厘米，重 2490 克，

图五九　仓端王义鼎

容水 2000 毫升（图五九）。该鼎具有战国晚期铜鼎的典型特征。值得注意的是，该器腹下足部没有烟炱痕迹，器身其他部位也未见擦碰等使用痕迹，保存完好。

全器五处刻划有铭文。腹部近左耳右侧横刻铭文"仓端王义"一行四字（图六〇、六七·1）。与此位置相对，近左耳左侧竖刻铭文"敬，一斗，工宜"两行五字（图六一、六七·2））。鼎盖内侧近口沿处横刻铭文"仓端王义"一行四字（图六二、六七·3）。铜鼎底部外侧两处刻有铭文（图六三），一处位于底部正中，竖刻有"宣平，南綽处"两行五字（图六四、六五、六八·1）；另一处位于鼎腿旁边，横刻有"千，一二二"一行四

图六〇　仓端王义鼎腹部近左耳右侧铭文

图六一　仓端王义鼎腹部近左耳左侧铭文

图六二　仓端王义鼎盖口沿铭文

字（图六六、六八·2）。从铭文刻划特征及字体风格来看，五处铭文当为多次刻划而成。腹部近左耳处铭文"敬，一斗，工宜"为一次刻划，腹部近右耳处、鼎盖内侧铭文"仓端王义"为另一次刻划，底部外侧铭文"宣平，南绰处""千，一二二"为又一次刻划。所刻铭文如仓、端、义、敬、宜、宣、平等字均具有秦国文字的特征，因而此鼎应为战国时期秦国铸造。

图六三　仓端王义鼎底部铭文

图六四　仓端王义鼎底部铭文"宣平"

图六五　仓端王义鼎底部铭文"南缚处"

图六六　仓端王义鼎底部铭文

仓字与秦封泥"泰仓""泰仓丞印"的"仓"字构形相同[1]。端字从立从耑，与《中国玺印集粹》中"端"字构形一致[2]，当为端字。该字与秦印"端乡"的"端"字构形相同[3]，明显具有秦国文字风格。"义"字从羊从我，当为义字。与故宫博物院所藏"张义"秦印[4]、《秦印文字汇编》所收"义游"秦印"义"字写法相类[5]，亦明显具有秦国文字特征。"敬"字与秦印"敬""敬事""王敬"等"敬"字构形相类[6]，具有秦国文字特征。"宜"字与秦陶文"宜阳工武""宜阳工昌"

1　周晓陆等《秦代封泥的重大发现》，《考古与文物》1997 年第 1 期。

2　汤余惠主编《战国文字编》，福建人民出版社，2001 年，第 693 页。

3　许雄志主编《秦印文字汇编》，河南美术出版社，2001 年，第 207 页。

4　罗福颐主编《故宫博物院藏古玺印选》，文物出版社，1982 年，第 81 页。

5　许雄志主编《秦印文字汇编》，河南美术出版社，2001 年，第 245 页。

6　许雄志主编《秦印文字汇编》，河南美术出版社，2001 年，第 181 页。

图六七 仓端王义鼎腹部、器盖铭文摹本

1.腹部近左耳右侧 2.腹部近左耳左侧 3.盖口沿

图六八 仓端王义鼎底部铭文摹本

1."宣平""南缚处" 2."千,一二二"

宜字构形接近 [7]。"宣"字与秦陶文"咸商里宣"中"宣"字构形相类 [8]，平字与秦国文字"白马广平侯"中"平"字构形相同 [9]，南字与秦简"南"字构形相似 [10]。

"仓端王义"，"仓端"当为"仓正"。秦始皇名政，正与政谐音，讳正，故改"正"为"端"。我们知道，秦朝曾改"正月"为"端月"。《史记·秦楚之际月表》在二世二年和三年正月栏里有两个"端月"，《索隐》曰："二世二年正月也，秦讳正，故云端月也。"《睡虎地云梦秦简·法律答问》"端重若轻""端告"，《睡虎地云梦秦简·语书》"矫端民心""有能自端""公端之心" [11]，《张家山汉墓竹简·奏谳书》"平端" [12]，以上诸"端"字，本应写作"正"，皆因避讳而改。这些都是秦讳"正"为"端"的明证。"仓正"为职官名，不见于文献记载，应为秦王政当政后所设官职。先秦时期，设立有"乐正""工正""车正""陶正"等官职，为管理音乐、手工业或商业的长官。"仓正"与此相似，可能是管理库府等机构的官职。"王义"是"仓正"的姓名。

---

7  王望生《西安临潼新丰南杜秦遗址陶文》，《考古与文物》2000 年第 1 期。

8  陕西省考古研究所《秦都咸阳考古报告》，科学出版社，2004 年，第 646 页，图 519；咸阳市文物考古研究所《塔儿坡秦墓》，三秦出版社，1998 年，第 187 页，图 139。

9  刘余力、蔡运章《王太后左私室鼎铭考略》，《文物》2006 年第 11 期。

10  陈伟主编《秦简牍合集·壹·下》，武汉大学出版社，2014 年，第 1305 页，日乙 163；徐在国、程燕、张振谦编著《战国文字字形表》（中），上海古籍出版社，2017 年，第 818 页。

11  李纪祥《秦皇名讳及其在秦简研究之意义》，《简牍学报》第十期，简牍学会，1981 年。

12  张家山二四七号汉墓竹简整理小组《张家山汉墓竹简》（二四七号墓）（释文修订本），文物出版社，2006 年，第 111 页。

"敬"字从苟从攴，而苟古文字中并不从艹。据战国时期秦国铜器铭文辞例推测，当是鼎置用之处所。

"斗"是战国时期秦、赵、韩、东周诸国常用的容量单位。各国在使用这一容量单位时，量值又不尽相同。赵国一斗约合今 1750 毫升，韩国一斗约合今 1680 毫升，东周国一斗合今 2000 毫升[13]。此鼎自铭"一斗"，实测容量 2000 毫升，则一升合今 200 毫升。这一数值与战国时期秦国一升的容量密合。

"工宜""工"，为铸造此鼎之工官。"宜"，工官之名。

"宣平"，一曰是"宣平侯"的省称。宣平侯见于《史记》《汉书》等文献记载，第一任宣平侯为张敖。张敖，战国晚期名士张耳之子。张敖曾世袭父亲的官爵而为赵王，刘邦还将大女儿鲁元公主嫁给张敖。《史记·张耳陈余列传》载："汉五年，张耳薨，谥为景王。子敖嗣立为赵王。高祖长女鲁元公主为赵王敖后。"张敖的部下贯高等人因刘邦对张敖傲慢无礼，意欲密谋造反，刺杀刘邦。事情败露后，张敖因此被贬为宣平侯。《史记·高祖本纪》载："九年，赵相贯高等事发觉，夷三族。废赵王敖为宣平侯。"汉平帝时，张敖的玄孙也曾被封为宣平侯。《汉书·张耳陈余传》载："孝平元始二年，继绝世，封敖玄孙庆忌为宣平侯，食千户。"如若"宣平"是宣平侯的省称，张敖于西汉初年受封宣平侯，张敖玄孙于西汉晚期世袭宣平侯，而"宣平，南绰处"等 5 字明显具有战国时期文字的风格，与"宣平侯"出现的时代矛盾。可见，此

13　丘光明等《中国科学技术史·度量衡卷》，科学出版社，2001 年，第 143、150～152、169 页。

处"宣平"不是"宣平侯"的省称。

"宣平",一曰是地名。战国时期的铜器铭文,常见记侯爵名或地名＋其他。依战国铜器铭文的辞例,"宣平"若不是指"宣平侯",应该就是地名。笔者遍检二十四史,"宣平"多次出现。其在《史记》《汉书》中出现时,多为宣平侯的省称,个别地方指长安城东面北城门;在《后汉书》《三国志》中出现时,多指长安城东面北城门;在《晋书》中出现时,指"宣平陵";在《周书》中出现时,也指城门。《宋史》中"宣平"指"宣平坊",《金史》中"宣平"指地名,《元史》《明史》《清史稿》中"宣平"指地名或县名。查找《殷周金文集成》《商周青铜器铭文暨图像集成》等工具书,未见商周时期铜器铭文中有"宣平"者。可见,作为地名,"宣平"较早见于金代文献。《金史·卫绍王本纪》载:"八月,诏奖谕行省官,慰抚军士。千家奴、胡沙自抚州退军,驻于宣平。"《金史·承裕列传》曰:"八月,大元大兵至野狐岭,承裕丧气,不敢拒战,退至宣平。"《中国古今地名大辞典》载:"(宣平)金以大新镇置。元移治于辛南庄。明废。故城在今直隶怀安县东北。"[14]

"南缚处","缚"同准。《管子·君臣上》:"衡石一称,斗斛一量,丈尺一缚制,戈兵一度。"尹知章注:"缚,古准字。准,节律度量也。谓尺寸各有准限也。"准又同準。《说文·水部》段玉裁注云:"準,五经文字云字林作准。按古书多用准,盖魏晋时恐与淮字乱而别之耳。"

14　臧励和等编《中国古今地名大辞典》,上海书店出版社,2015年,第610页。

《说文·水部》桂馥义证曰:"宋顺帝名準,沈约宋书省作准。"《管子·兵法》"准利而行",戴望校正曰:"宋本准作準。"《吕氏春秋·分职》"为平直必以准绳",毕沅新校正曰:"李本作准,别本作準。"《说文·水部》载:"準,平也。"《管子·水地》载:"準也者,五量之宗也。"郭嵩焘引《说文》云:"準,平也。"综合以上文献对准(準)的解释,可知准(準)指平度量,即校定度量。处,处所,地方。《广韵·御韵》载:"处,处所也。"《释名·释天》载:"宿,宿也。星各止宿其处也。"毕沅疏证曰:"一切经音义引作言星各止住其所也。御览引作止宿其所。"从毕沅疏证可知"所"可替代"处",可见"处"有处所之义。《史记·五帝本纪》载:"迁徙往来无常处,以师兵为营卫。"此处的"处"即指处所,无常处即没有固定的处所。"南綽处",当指位于南边的校定度量之处所,专门校定器物容量等。该鼎原属仓正王义,置放于"敬";后属宣平"南綽处"。

"千,一二二"此四字刻于鼎底一腿旁边。"千",为物象文字,与铜鼎的名义相符,是"制器尚象"习俗的产物。无独有偶,2005年洛阳大学文物馆收藏的战国"王太后左私室鼎",在铜鼎底裆部三足之间,刻有"五"字[15]。我国古代器物上常见的这种单字的含义,大都与其载体的名义或用途相符[16]。"一二二"可能为器物编号,当此鼎归属"南綽处"

15 刘余力、蔡运章《王太后左私室鼎铭考略》,《文物》2006年第11期。

16 蔡运章《大汶口陶鬶文字及其相关问题》,《山东师范大学学报》(人文社会科学版)2013年第1期。

后，需重新进行编号，故刻数字"一二二"。

从铜鼎形制并结合铭文讳"正"为"端"可知，该鼎当铸造于秦王政当政后至前秦统一之前，即公元前 246～前 221 年。此鼎保存完好，实测容量与理论容量密合。"仓端"前所罕见，"敬"为处所名也是首次出现。"宣平"作为地名，之前最早见于金代史料，此处应是"宣平"最早作为地名出现的例子，极大地补充了文献记载的不足。据铜鼎铭文，我们有理由相信，"宣平"在战国时期就已经存在了。

该鼎的发现，为研究战国时期秦国的职官、文字、历史、地名及度量衡制度等问题，提供了特别珍贵的实物资料。

附记　本文原为两篇文章，分别是《仓端王义鼎铭文考释》，原刊于《文物》2014 年第 8 期；《仓端王义鼎铭文补释》，原刊于《中国国家博物馆馆刊》2019 年第 10 期。今将以上两篇文章合为一篇，略有改动。李学勤先生对本文提出了宝贵的修改意见，徐在国先生对本文的写作进行了指导，宋慧勋摄影，褚卫红描摹铭文，在此一并致谢！

东周王城出土
战国铜器铭文
整理与研究

叁

# 燕铜器篇

# 太 子 鼎

　　太子鼎1998年出土于洛阳火车站西南金谷园村，收藏地点不详。铜鼎子口微敛，沿内折，浅腹，圜底，三蹄形足，附双耳。盖隆起呈弧形，上有三环形纽，纽上各有一凸起的乳丁。腹部饰凸弦纹一周。通体布满深绿色锈斑。此鼎为战国中晚期常见铜鼎器形，仅三蹄形足略显细长。铜鼎通高 19.8、耳宽 22 厘米，重 3000 克（图六九）。全器四处刻有铭文（图七〇），蔡运章撰文对铭文进行了考释（以下简称蔡文）[1]。蔡文对鼎铭释读如下：

图六九　太子鼎

---

1　蔡运章《太子鼎铭考略》，《文物》2001 年第 6 期。

大子左相室（鼎腹前侧）

亦取（鼎腹后侧）

相室、寺人（右耳）

武、六、亦取（器盖）

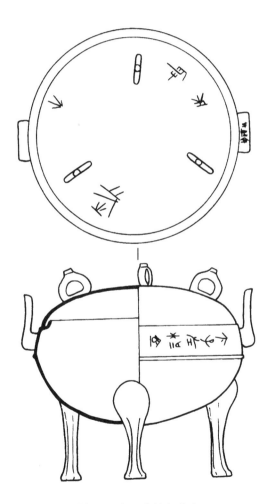

图七〇 太子鼎铭文摹本

右耳上的铭文，"相室"为先刻，后又加刻"寺人"，"寺"字刻于"相"字之上，"人"字与"相"字重合。

蔡文认为，鼎铭"太子左相室"与燕国王后左相室鼎铭"王后左相室"语例相同，因此这件太子鼎可能是战国时期燕国的器物。甚是。此鼎与陕西省澄城县出土的王太后右和室铜鼎[2]、洛阳出土的王太后左私室铜鼎[3]形制大体相似，铭文风格一致，铭文内容均记"左（或右）私室"，因此它们的时代应当相同，均为战国晚期。

"大子"，"大"读为太，古文字中习见，此不赘述。夏、商、西周时期，被确定为王位继承人的天子之子才能称太子。春秋战国时期，不仅天子之子可称太子，被确定为王位继承人的诸侯之子也称太子。

"左相室"，蔡文认为"相"字构形与庚壶铭文、战国印文中"相"字构形相似，唯其右上部与相字所从"目"旁明显有别，与甲骨文"肉"字构形相同，因肉、目形近易混，故此字可能为"相"字。蔡文进一步指出，"相室"有两种含义，一是宰相的别称，二是指家臣。蔡文认为鼎铭"相室"当即太子府里的管家。

笔者认为，鼎铭"相"旧多释为私、相、和、梋等，当以释"私"为是。"私室"为战国时期的职官。《汉书·百官公卿表》载，皇后、太子家的属官有"私府""食官"。《魏书·高祖纪》有"后之私府"。可见，汉魏时期的"私府""食官"当为皇后、太子的属官。朱德熙先生谓"私

2　张懋镕、王勇《"王太后右和室"铜鼎考略》，《考古与文物》1994 年第 3 期。

3　刘余力、蔡运章《王太后左私室鼎铭考略》，《文物》2006 年第 11 期。

官是皇太后的食官"[4]，甚是。室、府义通。《尔雅·释宫》："室谓之宫。"
郑玄《周礼·地官·序官》注："舍，犹宫也。"《素问·生气通天论》：
"阴之五宫。"王冰注："宫者，五神之舍也。"《广雅·释宫》："府，舍
也。"是其佐证。故"私室"与"私府""私官"的职责相类，应是主管
王太后、王后及太子后宫饮食的职官[5]。

　　"寺人"，《诗·车邻》："寺人之令。"毛传："寺人，内小臣也。"《周
礼·寺人》："寺人掌王之内人，及女宫之戒令。"蔡文认为鼎铭"寺人"
当是太子府内宫的阉人，可从。

　　"武""六"，两字间距较大，彼此不相连属，蔡文认为或为"记
号"，或是反映八卦之象的卦象文字。笔者认为，铭文"武""六"当
为记号。

　　"乐取"，蔡文认为"乐"或可读为亦，亦通作易。铭文"亦取"与
洛阳西郊汉墓出土陶瓷腹部所刻"平用"含义相同，便于享用之义。按
蔡文的观点，"乐取"当为吉语。汉代的铜器上，特别是铜壶上，常见
吉语铭文。战国时期的铜器上，尚未出现吉语铭文。如将"乐取"视为
吉语，乃战国时期孤例。

　　张振谦对照战国燕系文字中的"帀（师）"字字形，认为蔡文所释
"乐"字，当为"工帀（师）"合文（无合文符号），其"帀"字写法与

4　朱德熙、裘锡圭《战国铜器铭文中的食官》，《文物》1973 年第 12 期。
5　刘余力、蔡运章《王太后左私室鼎铭考略》，《文物》2006 年第 11 期。

燕陶文形体相同。"工师取"为典型的官职名加人名的格式[6]。张振谦的分析有一些道理，但也有可疑之处。他自己就说到，燕系铭文中有"帀（师）"字，但并无"工帀（师）"合文的例子[7]。

因此，铭文"乐取"如何解释，还有待进一步研究。

太子鼎的发现，为研究战国时期燕国的文字、历史、职官制度等，提供了重要的实物资料。

6 张振谦《燕赵鼎铭考释两则》,《古文字研究》第三十二辑，中华书局，2018 年，第 310~313 页。

7 张振谦《燕赵鼎铭考释两则》,《古文字研究》第三十二辑，中华书局，2018 年，第 310~313 页。

# 王太后左私室鼎

　　此鼎20世纪40年代初于洛阳出土，现藏洛阳理工学院文物馆。鼎为敛口，扁圆形深腹，腹上部有微向外撇的长方形双耳，腹下部内收，圜底，三蹄形短足。盖隆起呈弧形，上有三环形纽，纽上有乳状凸起。素面，通体布满浅绿色锈，间有蓝或黄色锈斑。腹下和足部有明显的范铸和烟炱痕迹。通高14.3、口径16.2、腹径18.6、耳宽21.5厘米，重2470克（图七一）。全器六处刻划有铭文。鼎盖右侧竖刻"王大后"一行三字（图七二、七六·1）；左侧竖刻一行九字，字迹因磨泐漫不清，隐约可见"白马广平□昌夫"六字（图七六·2）。鼎腹口沿正面横刻"白马广平侯昌夫""大子左私室"一行十二字（图七三、七四、七六·6），口沿侧面

图七一　王太后左私室鼎

图七二　王太后左
私室鼎器盖铭文

横刻"一壴"二字（图七五、七六·3），左耳侧面刻"室"字（图七六·4），底部刻有"×"字（图七六·5）。

值得注意的是，鼎铭中的"大后""大子左私室""一壴"和"×"等字，均刻得较深，笔画粗放，字体较工整，应为原刻。而其余"白马广平侯昌夫"等刻得较浅，笔道纤细，字体草率而清瘦，与前者风格迥异，应为后刻。


一


此鼎形制及原刻铭文的内容，与以往发现的燕国王后左私室鼎[1]、王太后私室鼎[2]、太子鼎[3]诸器相类，具有战国晚期燕国铜器铭刻的特征。

"王大后"即"王太后"。贾谊《新书·等齐》："天子亲号云太后，诸侯亲号云太后"。陕西澄城县出土的王太后右私室鼎[4]铭文中的"王太后"，就是对战国晚期某位燕王母亲的称呼。可见，此鼎应为燕国"王太后"的宫中用器。

1　罗振玉《三代吉金文存》，中华书局，1983 年，第 255 页。

2　张懋镕、王勇《王太后右和室铜鼎考略》，《考古与文物》1994 年第 3 期。

3　蔡运章《太子鼎铭考略》，《文物》2001 年第 6 期。

4　张懋镕、王勇《王太后右和室铜鼎考略》，《考古与文物》1994 年第 3 期。

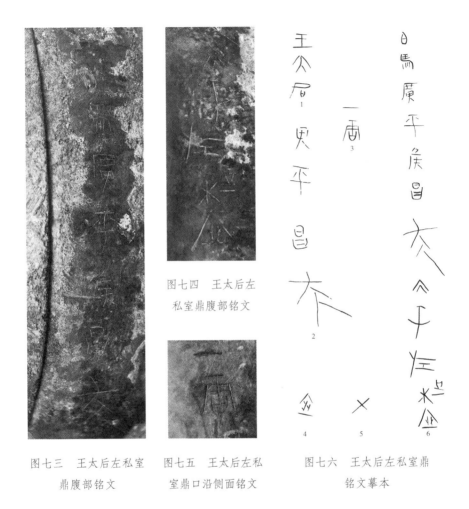

图七四 王太后左
私室鼎腹部铭文

图七三 王太后左私室
鼎腹部铭文

图七五 王太后左私
室鼎口沿侧面铭文

图七六 王太后左私室鼎
铭文摹本

　　"大子左私室"，与1998年洛阳火车站西南金谷园村西南发现的太子
鼎腹上部铭刻"太子左相室"字体相似[5]。"私"，旧多释为私、和、相、
桐等，当以释"私"为是。因此字左旁从"木"，在古文字中木、禾意近，

5　蔡运章《太子鼎铭考略》,《文物》2001年第6期。

可以通用；右旁与战国玺印"厶"字构形相似，整体与秦"私府"印、"北宫私丞"印及汉印私字[6]的构形相类。同时，战国文字右下方常用"="来"装饰"[7]。故此字当为从禾、厶声的私字。"私室"为战国时期的职官。《汉书·百官公卿表》载皇后、太子家的属官有"私府""食官"。《魏书·高祖纪》有"后之私府"。可见，汉魏时期的"私府""食官"当为皇后、太子的属官。朱德熙先生谓"私官是皇太后的食官"[8]，甚是。室、府义通。《尔雅·释宫》："室谓之宫。"郑玄《周礼·地官·序官》注："舍，犹宫也。"《素问·生气通天论》："阴之五宫。"王冰注："宫者，五神之舍也。"《广雅·释宫》："府，舍也。"是其佐证。故"私室"与"私府""私官"的职责相类，应是主管王太后、王后及太子后宫饮食的职官。这说明此鼎曾由燕国"王太后"宫转入"太子"宫中使用。

"一言"，"言"读为㪔[9]，是燕国的容量单位，即为一㪔。一㪔的容量，有三种说法：（1）一斗二升。《说文·㪔部》："斗二升曰㪔。"亦见郑玄《周礼·考工记·陶人》注。汉代一升合今 200 毫升，"一斗二升"则合今 2400 毫升。（2）二斗。徐锴《说文·角部》系传："㪔，实二斗也。"《广韵·屋韵》说："㪔，《周礼》注云：受二斗。""二斗"合

6 罗福颐主编《古玺文编》，文物出版社，1981 年，第 177 页；周晓陆等《秦代封泥的重大发现》，《考古与文物》1997 年第 1 期；罗福颐编《汉印文字徵》，文物出版社，1978 年，卷七，九下。

7 何琳仪《战国文字通论》，江苏教育出版社，2003 年，第 124 页。

8 朱德熙、裘锡圭《战国铜器铭文中的食官》，《文物》1973 年第 12 期。

9 朱德熙、裘锡圭《战国铜器铭文中的食官》，《文物》1973 年第 12 期。

今 4000 毫升。（3）三斗。郑玄《周礼·考工记·陶人》注引郑司农云："觳，受三斗。""三斗"合今 6000 毫升。传世的缳安君铜铫铭容"二觳"，经实测容量为 3563 毫升[10]，则一觳实为 1781.5 毫升。1981 年山西文水县出土的铜壶铭容"六觳四鸲（掬）"，实测壶容 11200 毫升[11]。古量制一掬即一升，若按 12 掬为一觳计算[12]，则一觳约为 1768 毫升。但是，1982 年江苏盱眙出土的廿二铜壶铭"受一觳五鸲（掬）"，实测容量为 3000 毫升[13]。"五掬"合今 1000 毫升。这样，一觳的容量当为 2000 毫升，正合 10 掬。洛阳这件铜鼎铭容"一觳"，经笔者实测容水 1860 毫升。战国时期秦国一斗合今 2000 毫升，中山国一斗合今 1800 毫升[14]。这些铜器实测一觳的容量，与当时一斗的容量基本相合。因此，丘光明先生认为"一觳实际上即同于一斗的容量"[15]，是正确的。

"×"，与《说文·五部》古文"五"字的构形相同，当是五字。此字刻在鼎底裆部的三足之间，不与其他铭文相连，应有其特殊的含义。我国古代器物上常见的这种单字的含义，大都与其载体的名义或用途相符[16]。

---

10　朱德熙《战国记容铜器刻辞考释四篇》，《朱德熙古文字论集》，中华书局，1995 年。

11　胡振祺《山西文水县上贤村发现青铜器》，《文物》1984 年第 6 期。

12　李家浩《盱眙陶壶刍议》，《古文字研究》第十二辑，1985 年。

13　丘光明《中国科学技术史·度量衡卷》，科学出版社，2003 年，第 157～159 页。

14　丘光明《中国科学技术史·度量衡卷》，科学出版社，2003 年，第 157～159 页。

15　丘光明《中国科学技术史·度量衡卷》，科学出版社，2003 年，第 157～159 页。

16　蔡运章《远古刻画符号与中国文字起源》，《中原文物》2001 年第 3 期。

## 二

在鼎盖和口沿处所刻"白马广平侯昌夫"诸字的字体，具有秦国文字的风格。如"马"与秦封泥"公车司马丞""家马""代马丞印"的"马"字构形相同，"侯"的构形与秦封泥"上郡侯丞"的"侯"字相类。"昌"的构形也属秦国文字风格[17]。所以这些文字当是此鼎流入秦国后补刻的。"白马"为部族名，应是白马氏的省称。《逸周书·王会篇》记载少数民族向西周王朝贡献方物时说："氏羌鸾鸟。"孔晁注："氏地之羌，不同，故谓之氏羌，今谓之氏矣。"这说明"氏"是羌族的一支。《史记·西南夷列传》载："自冉駹以东北，君长以什数，白马最大，皆氏类也。"《索隐》："白马，夷邑名，即白马氏。"《正义》引《括地志》云："陇右成州、武州皆白马氏。"《魏书·氏传》："氏者，西夷之别种，号曰白马。三代之际，盖自有君长……秦汉以来，世居岐陇以南，汉川以西，自立豪帅。汉武帝遣中郎将郭昌、卫广灭之，以其地为武都郡。"可见，"白马氏"是以白马为图腾的羌族，秦汉以来大致活动在今甘肃东南、陕西西南和四川一带。汉武帝时收复白马氏，在其地设武都郡（今甘肃西和）。

"广平侯"，"广平"，古地名，战国属赵。汉代置有广平国，设广平侯。《汉书·地理志》有"广平国"，《汉书·王子侯表下》有"广平节侯德"，《汉书·高惠高后文功臣表》有"广平敬侯薛欧"，治所在今河

---

17  周晓陆等《秦代封泥的重大发现》，《考古与文物》1997 年第 1 期。

北省鸡泽县境。

"昌夫"，"夫"与战国"君夫人之鼎"（《集成》02106 ）[18]、包山楚简
"凡君子二夫"的"夫"[19]字构形相类。"昌夫"是"广平侯"的名字。

三

这件"王太后左私室"铜鼎与陕西澄城县出土的"王太后右私室"
铜鼎，都是燕国"太后"宫中的铜器。它们的形制、铭文内容及其书体
都基本相同。而"王太后"的属官，一为"左私室"，一为"右私室"，
正相呼应。洛阳出土的燕国太子鼎，也有"左私室"的属官。它们都是
燕国灭亡时被秦国掳掠的战利品，"白马广平侯昌夫"的铭刻就是证明。
它们的发现为研究战国晚期秦、燕两国和秦汉之际的历史、文字及度量
衡制度等问题，提供了重要的资料。

附记　本文原刊于《文物》2006 年第 11 期，与蔡运章合作。文章写作过
　　　程中，得到周建亚的热情帮助，高虎摄影，褚卫红摹写铭文，在此
　　　一并致谢。拙文认为鼎铭"白马"为部族名，是白马氏的省称。拙
　　　文发表后，后晓荣对此提出了不同看法[20]。他认为，鼎铭"白马"为

18　中国社会科学院考古研究所《殷周金文集成》（修订增补本），中华书局，2007 年。
19　湖北省荆沙铁路考古队《包山楚简》图版二，文物出版社，1991 年。
20　后晓荣《白马非白马氏》，《文物》2008 年第 4 期。

秦郡县制中的东郡属县白马，也是《汉书·地理志》东郡属县白马之前身。后晓荣的观点不无道理，但按后说白马县治在今河南滑县，笔者文中考释广平国治所在今河北鸡泽县。白马、广平属二地，白马是县，广平为诸侯国，应有不同。

# 参考文献

## 一　图　书

### （一）甲骨金文类

1. 孙海波《甲骨文编》，中华书局，1965 年。

2. 罗福颐编《汉印文字征》，文物出版社，1978 年。

3. 高明《古文字类编》，中华书局，1980 年。

4.〔汉〕许慎撰、〔清〕段玉裁注《说文解字注》，上海古籍出版社，1981 年。

5. 罗福颐主编《古玺文编》，文物出版社，1981 年。

6. 罗福颐主编《故宫博物院藏古玺印选》，文物出版社，1982 年

7. 罗振玉编《三代吉金文存》（全三册），中华书局，1983 年。

8. 容庚《金文编》，中华书局，1985 年。

9. 裘锡圭《文字学概要》，商务印书馆，1988 年。

10. 姚孝遂主编《殷墟甲骨刻辞类纂》，中华书局，1989 年。

11. 于省吾《甲骨文字诂林》，中华书局，1996 年。

12. 何琳仪《战国古文字典·战国文字声系》，中华书局，1998 年。

13. 周晓陆、路东之《秦封泥集》，三秦出版社，2000 年。

14. 汤余惠《战国文字编》，福建人民出版社，2001 年。

15. 张亚初《殷周金文集成引得》，中华书局，2001 年。

16. 许雄志主编《秦印文字汇编》，河南美术出版社，2001 年。

17. 何琳仪《战国文字通论》（订补），江苏教育出版社，2003 年。

18. 高明《中国古文字学通论》，北京大学出版社，2004 年。

19. 马锦强《珍秦斋藏印·秦印篇》，临时澳门市政局、文化暨康体部，2004 年。

20. 中国社会科学院考古研究所《殷周金文集成》（修订增补本），中华书局，2007 年。

21. 臧励和等编《中国人名大辞典》，商务印书馆，2007 年。

22. 高明、涂白奎《古文字类编》（增订本），上海古籍出版社，2008 年。

23. 萧春源总监《珍秦斋藏金——吴越三晋篇》，澳门基金会，2008 年。

24. 吴镇烽《商周青铜器铭文暨图像集成》，上海古籍出版社，2012 年。

25. 陈伟主编《秦简牍合集》，武汉大学出版社，2014 年。

26. 臧励和等编《中国古今地名大辞典》，上海书店出版社，2015 年。

27. 徐在国、程燕、张振谦编著《战国文字字形表》（上、中、下），上海古籍出版社，2017 年。

28. 单晓伟编著《秦文字字形表》，上海古籍出版社，2017 年。

29. 郭声波《〈史记〉地名族名词典》，中华书局，2020 年。

（二）考古报告

1. 中国科学院考古研究所《洛阳中州路（西工段）》，科学出版社，1959 年。

2. 中国社会科学院考古研究所、河北省文物管理处《满城汉墓发掘报告》，文物出版社，1980 年。

3. 中国社会科学院考古研究所《洛阳发掘报告》，北京燕山出版社，1989 年。

4. 广州市文物管理委员会等《西汉南越王墓》，文物出版社，1991 年。

5. 咸阳市文物考古研究所《塔儿坡秦墓》，三秦出版社，1998 年。

6. 洛阳市文物工作队《洛阳北窑西周墓》，文物出版社，1999 年。

7. 邹衡主编《天马—曲村》（全四册），科学出版社，2000 年。

8. 陕西省考古研究所《秦都咸阳考古报告》，科学出版社，2004 年。

9. 张家山二四七号汉墓竹简整理小组《张家山汉墓竹简》（二四七号墓）（释文修订本），文物出版社，2006 年。

10. 山西省考古研究所等《长治分水岭东周墓地》，文物出版社，2010 年。

（三）综合研究

1. 郭沫若《两周金文辞大系图录考释》，科学出版社，1957 年。

2. 容庚、张维持《殷周青铜器通论》，科学出版社，1958 年。

3. 郭宝钧《商周铜器群综合研究》，文物出版社，1981 年。

4. 张光直《中国青铜时代》，三联书店，1983 年。

5. 李学勤《东周与秦代文明》，文物出版社，1984 年。

6. 缪文远《战国策考辨》，中华书局，1984 年。

7. 唐兰《西周青铜器铭文分代史徵》，中华书局，1986 年。

8. 中国大百科全书考古学编辑委员会《中国大百科全书·考古学》，中国大百科全书出版社，1986 年。

9. 睡虎地秦墓竹简整理小组《睡虎地秦墓竹简》，文物出版社，1990 年。

10. 王辉《秦铜器铭文编年集释》，三秦出版社，1990 年

11. 杨向奎《宗周社会与礼乐文明》，人民出版社，1992 年。

12. 汤余惠《战国铭文选》，吉林大学出版社，1993 年。

13. 蔡运章《甲骨金文与古史研究》，中州古籍出版社，1993 年。

14.《中国钱币大辞典》编纂委员会《中国钱币大辞典·先秦编》，中华书局，1995 年。

15. 朱德熙《朱德熙古文字论集》，中华书局，1995 年。

16. 朱凤瀚《古代中国青铜器》，南开大学出版社，1995 年。

17. 杜廼松《中国青铜器发展史》，紫禁城出版社，1995 年。

18. 马承源主编《中国青铜器》，上海古籍出版社，1998 年。

19. 邹衡《夏商周考古学论文集》(续集)，科学出版社，1998 年。

20. 李民、张国硕《夏商周三族源流探索》，河南人民出版社，1998 年。

21. 张光明、姜永利《夏商周文明研究》，中国文联出版社，1999 年。

22. 王世民等《西周青铜器分期断代研究》，文物出版社，1999 年。

23. 夏商周断代工程专家组《夏商周断代工程 1996~2000 年阶段成果报告》(简本)，世界图书出版公司，2000 年。

24. 王延栋《战国策词典》，南开大学出版社，2001 年。

25. 张国硕《夏商时代都城制度研究》，河南人民出版社，2001 年。

26. 中国社会科学院考古研究所《殷墟的发现与研究》，科学出版社，2001 年。

27. 水涛《中国西北地区青铜时代考古论集》，科学出版社，2001 年。

28. 李家浩《著名中青年语言学家自选集·李家浩卷》，安徽教育出版社，2002年。

29. 马承源《中国青铜器研究》，上海古籍出版社，2002年。

30. 何琳仪《古币丛考》，安徽大学出版，2002年。

31. 张懋镕《古文字与青铜器论集》，科学出版社，2002年。

32. 丘光明等《中国科学技术史》，科学出版社，2003年。

33. 彭裕商《西周青铜器年代综合研究》，巴蜀书社，2003年。

34. 杨宽《西周史》，上海人民出版社，2003年。

35. 杨宽《战国史》，上海人民出版社，2003年。

36. 岳洪彬《殷墟青铜礼器研究》，中国社会科学出版社，2006年。

37. 张国硕《文明起源与夏商周文明研究》，线装书局，2006年。

38. 张懋镕《古文字与青铜器论集》（第二辑），科学出版社，2006年。

39. 张长寿《商周考古论集》，文物出版社，2007年。

40. 蔡运章《甲骨金文与古史新探》，中国社会科学出版社，2012年。

41. 李学勤《新出青铜器研究》（增订版），人民美术出版社，2016年。

## 二 论 文

1. 郭宝钧、林寿晋《一九五二年秋季洛阳东郊发掘报告》，《考古学报》1955年第9册。

2. 郭宝钧等《一九五四年春洛阳西郊发掘报告》，《考古学报》1956年第2期。

3. 陈梦家《西周铜器断代》，《考古学报》1956年第2期。

4. 徐复《秦高陵君又号叶阳君辨》，《秦会要订补》，中华书局，1959年。

5. 周荤生《"王五年上郡守疾戟"考》，《人文杂志》1960年第3期。

6. 山西省文物管理委员会侯马工作站《山西侯马上马村东周墓葬》，《考古》1963年第5期。

7. 陈邦怀《金文丛考三则》，《文物》1964年第2期。

8. 朱德熙、裘锡圭《战国铜器铭文中的食官》，《文物》1973年第12期。

9. 黄盛璋《试论三晋兵器的国别和年代及其相关问题》，《考古学报》1974年第 1 期。

10. 咸阳市博物馆《陕西咸阳塔儿坡出土的铜器》,《文物》1975 年第 6 期。

11. 宁夏回族自治区博物馆《宁夏回族自治区文物考古工作的主要收获》,《文物》
    1978 年第 8 期。

12. 朱德熙、裘锡圭《平山中山王墓铜器铭文的初步研究》,《文物》1979 年第
    1 期。

13. 李家浩《战国𨛁布考》,《古文字研究》( 第三辑 ),中华书局,1980 年。

14. 李学勤《秦国文物的新认识》,《文物》1980 年第 9 期。

15. 驻马店地区文管会、泌阳县文教局《河南泌阳秦墓》,《文物》1980 年第 9 期。

16. 曹锦炎、吴振武《释哉》,《吉林大学社会科学学报》1981 年第 2 期。

17. 罗昊《武功县出土平安君鼎》,《考古与文物》1981 年第 2 期。

18. 李学勤《论新发现的魏信安君鼎》,《中原文物》1981 年第 4 期。

19. 李纪祥《秦皇名讳及其在秦简研究之意义》,《简牍学报》第十期,1981 年。

20. 裘锡圭《〈武功县出土平安君鼎〉读后记》,《考古与文物》1982 年第 2 期。

21. 黄盛璋《新出信安君鼎、平安君鼎的国别年代与有关制度问题》,《考古与文
    物》1982 年 2 期。

22. 郑州市博物馆《尉氏出土一批春秋时期青铜器》,《中原文物》1982 年第 4 期。

23. 丘光明《试论战国衡制》,《考古》1982 年第 5 期。

24. 程长新、张先得《历尽沧丧重放光华——北京市拣选古代青铜器展览简记》,
    《文物》1982 年第 9 期。

25. 胡振祺《山西文水县上贤村发现青铜器》,《文物》1984 年第 6 期。

26. 李家浩《盱眙陶壶刍议》,《古文字研究》第十二辑,1985 年。

27. 洛阳市第二文物工作队《洛阳孙旗屯秦国墓葬》,《中原文物》1987 年第 3 期。

28. 黄盛璋《三晋铜器的国别、年代与相关制度》,《古文字研究》第十七辑,中
    华书局,1989 年。

29. 吴荣曾《战国布币地名考释三则》,《中国钱币》1992 年第 2 期。

30. 汤余惠《战国文字中的繁阳与繁氏》,《古文字研究》第十九辑,中华书局,
    1992 年。

31. 吴镇烽《高陵君鼎考》，《第二届国际中国古文字学研讨会论文集》，问学社有限公司，1993 年。

32. 张懋镕、王勇《"王太后右和室"铜鼎考略》，《考古与文物》1994 年第 3 期。

33. 张新斌《苏姓源于苏门山——关于苏姓起源与播迁的研究》，《河南师范大学学报》1994 年第 4 期。

34. 李学勤《马王堆帛书（邢德）中的军吏》，《简帛研究》第二辑，法律出版社，1996 年。

35. 周晓陆等《秦代封泥的重大发现》，《考古与文物》1997 年第 1 期。

36. 洛阳市文物工作队《洛阳钢厂秦墓发掘简报》，《华夏考古》1997 年第 3 期。

37. 洛阳市第二文物工作队《洛阳于家营秦墓发掘简报》，《文物》1998 年第 12 期。

38. 蔡运章《论新发现的一件宜阳铜戈》，《文物》2000 年第 10 期。

39. 蔡运章《太子鼎铭考略》，《文物》2001 年第 6 期。

40. 李家浩《谈春成侯盉与少府盉的铭文及其容量》，《华学》第五辑，中山大学出版社，2001 年。

41. 黄锡全《新见宜阳铜戈考论》，《考古与文物》2002 年第 2 期。

42. 关晓丽《〈周礼〉"司寇"考》，《华北大学学报》2003 年第 6 期。

43. 李学勤《荥阳上官皿与安邑下官锺》，《文物》2003 年第 10 期。

44. 张振谦《"少府"戈补释》，《古籍研究》2004 年第 2 期。

45. 刘余力、褚卫红《洛阳宜阳县城角村发现战国有铭铜戈》，《文物》2004 年第 9 期。

46. 蔡运章等《论右寽鼎铭文及其相关问题》，《文物》2004 年第 9 期。

47. 唐友波《垣上官鼎及其相关问题》，《文物》2004 年第 9 期。

48. 蔡运章《苏秦事迹考述》，《鬼谷子文化研究文集》，陕西旅游出版社，2004 年。

49. 蔡运章、赵晓军《三年垣上官鼎铭考略》，《文物》2005 年第 8 期。

50. 赵晓军、刁淑琴《洛阳宜阳发现秦铜鍪及其相关问题》，《文物》2005 年第 8 期。

51. 李学勤《三年垣上官鼎校量的计算》，《文物》2005 年第 10 期。

52. 吴振武《关于新见垣上官鼎铭文的释读》，《吉林大学社会科学学报》2005

年第 6 期。

53. 马永嬴《"大官之印"与西汉的太官》,《考古与文物》2006 年第 5 期。

54. 刘余力、蔡运章《王太后左私室鼎铭考略》,《文物》2006 年第 11 期。

55. 吴振武《新见十八年冢子韩矰戈研究——兼论战国"冢子"一官的职掌》,《中央研究院历史语言研究所会议论文之七——古文字与古代史》第一辑,2007 年。

56. 蔡运章《战国成君鼎铭及其相关问题》,《中国历史文物》2007 年第 4 期。

57. 王其秀《成君鼎铭补正》,《中国历史文物》2007 年第 5 期。

58. 裘锡圭《谈谈三年垣上官鼎和宜阳秦铜鎜的铭文》,《古文字研究》第二十七辑,中华书局,2008 年。

59. 郭永秉《读〈战国成君鼎铭及其相关问题〉小记》,《中国历史文物》2008 年第 3 期。

60. 刘余力等《高陵君弩机考》,《中国历史文物》2009 年第 1 期。

61. 刘余力、褚卫红《战国信安君鼎考略》,《文物》2009 年第 11 期。

62. 刘建安《洛阳地区秦墓探析》,《华夏考古》2010 年第 1 期。

63. 周波《中山器铭文补释》,《出土文献与古文字研究》第三辑,复旦大学出版社,2010 年。

64. 赵晓军、蔡运章《我自铸铜钹及其相关问题》,《文物》2011 年第 9 期。

65. 蔡运章《大汶口陶罍文字及其相关问题》,《山东师范大学学报》(人文社会科学版)2013 年第 1 期。

66. 刘余力《仓端王义鼎铭文考释》,《文物》2014 年第 8 期。

67. 禤健聪《释洛阳新出我自铸铜钹的"少卒"》,《古文字研究》第三十辑,中华书局,2014 年。

68. 吴良宝《莆子戈与郶戈考》,《中国文字学报》,商务印书馆,2014 年。

69. 朱腾《也论先秦时代的司寇》,《法学家》2015 年第 2 期。

70. 张振谦《燕赵鼎铭考释两则》,《古文字研究》第三十二辑,中华书局,2018 年。

71. 刘余力《王十一年大梁司寇鼎铭文考释》,《文物》2020 年第 1 期。

72. 刘余力《洛阳出土铭文铜器考释二则》,《中原文物》2021 年第 3 期。

73. 刘余力《莆子鼎铭文考略》,《文物》2021 年第 7 期。

74. 刘余力《苏公鼎及相关问题考略》,《江汉考古》2021 年第 4 期。

75. 刘余力《洛阳新见铜器铭文考跋二则》,《中国国家博物馆馆刊》2021 年第 9 期。

# 三　学位论文

1. 申青云《河南出土战国青铜器铭文整理与研究》,安徽大学硕士学位论文,2010 年。

2. 刘秋瑞《河南所出战国文字辑考》,安徽大学博士学位论文,2011 年。

3. 吴劲松《近十年新出殷周青铜器铭文的整理与研究》,安徽大学硕士学位论文,2011 年。

4. 秦凤鹤《甘肃出土先秦两汉青铜器铭文整理与研究》,西北师范大学硕士学位论文,2012 年。

5. 田文静《建国以来山西出土战国文字材料整理研究》,安徽大学硕士学位论文,2012 年。

6. 刘刚《晋系文字的范围及内部差异研究》,复旦大学博士学位论文,2013 年。

7. 黄萍《新出兵器铭文的整理与研究》,安徽大学硕士学位论文,2013 年。

8. 陈梦兮《新出铜器铭文研究》,安徽大学硕士学位论文,2013 年。

9. 许慜慧《古文字资料中的战国职官研究》,复旦大学博士学位论文,2014 年。

10. 鞠焕文《〈金文形义通解〉订补(上编)》,东北师范大学博士学位论文,2014 年。

11. 赵洁《近出东周兵器铭文汇考》,天津师范大学硕士学位论文,2014 年。

12. 杨绅《战国晋系铜器铭文校释及相关问题初探》,吉林大学硕士学位论文,2015 年。

13. 王赛《战国记容铭文的整理与研究》,河北大学硕士学位论文,2017 年。

14. 周喆《〈商周青铜器铭文暨图像集成续编〉所收春秋战国兵器铭文整理研究》,陕西师范大学硕士学位论文,2018 年。

15. 李淑萍《燕、赵铜器铭文整理与研究》,河北大学硕士学位论文,2019 年。

16. 曹磊《〈战国文字字形表〉校订》,吉林大学硕士学位论文,2020 年。

# 附 录

## 本书收录铭文铜器一览表

| 序号 | 器名 | 出土地 | 国别 | 时代 | 出处 |
|---|---|---|---|---|---|
| 1 | 成君夫人鼎 | 洛阳西工区西小屯村 | 周王室 | 战国中晚期 | 《中国历史文物》2007年第4期 |
| 2 | 安邑大官鼎 | 洛阳西工区西小屯村 | 魏 | 战国早期 | 《中原文物》2021年第3期 |
| 3 | 莆子鼎 | 山西临汾 | 魏 | 战国中期 | 《文物》2021年第7期 |
| 4 | 右隩鼎 | 洛阳东郊 | 魏 | 战国晚期 | 《文物》2004年第9期 |
| 5 | 三年垣上官鼎 | 洛阳西工区 | 魏 | 战国晚期 | 《文物》2005年第8期 |
| 6 | 首垣鼎 | 洛阳，具体地点不详 | 魏 | 战国晚期 | 《中国国家博物馆馆刊》2011年第10期 |
| 7 | 王十一年大梁司寇鼎 | 洛阳，具体地点不详 | 魏 | 战国晚期 | 《文物》2020年第1期 |
| 8 | 信安君鼎 | 山西，具体地点不详 | 魏 | 战国晚期 | 《文物》2009年第11期 |
| 9 | 宜阳戈 | 洛阳宜阳韩城乡 | 韩 | 战国中晚期 | 《文物》2000年第10期 |
| 10 | 我自铸铜钺 | 洛阳宜阳 | 秦 | 战国早期 | 《文物》2011年第9期 |
| 11 | 少府戈 | 洛阳宜阳韩城乡 | 秦 | 战国中晚期 | 《文物》2004年第9期 |
| 12 | 王二年相邦义戈 | 洛阳，具体地点不详 | 秦 | 战国中晚期 | 《文物》2012年第8期 |
| 13 | 中府铜鋻 | 洛阳宜阳韩城乡 | 秦 | 战国晚期 | 《文物》2005年第8期 |
| 14 | 苏公鼎 | 洛阳宜阳三乡镇 | 秦 | 战国晚期 | 《江汉考古》2021年第4期 |

| 序号 | 器名 | 出土地 | 国别 | 时代 | 出处 |
|------|------|--------|------|------|------|
| 15 | 高陵君弩机 | 甘肃天水 | 秦 | 战国晚期 | 《中国历史文物》2009年第1期 |
| 16 | 仓端王义鼎 | 洛阳，具体地点不详 | 秦 | 战国晚期 | 《文物》2014年第8期，《中国国家博物馆馆刊》2019年第10期 |
| 17 | 太子鼎 | 洛阳西工区金谷园村 | 燕 | 战国晚期 | 《文物》2001年第6期 |
| 18 | 王太后左私室鼎 | 洛阳，具体地点不详 | 燕、秦 | 战国晚期 | 《文物》2006年第11期 |

# 后　记

　　编写这本小书，我始终怀着一种复杂的心情。书中除收录自己撰写的一些文章外，还涉及蔡运章先生考释过的一些铜器铭文。蔡先生是洛阳为数不多的从事古文字研究的学者之一，他长期关注洛阳出土或发现的铭文铜器，及时地进行研究并将资料发表，为学术界带来了珍贵的第一手资料。蔡先生的一些文章发表后，有学者对蔡先生文中的一些观点进行了补正。

　　蔡运章先生是我硕士研究生的导师之一，评价老师的文章，我是不够资格的。因此，在是否要完成这本小书时，内心十分忐忑，进退两难，也曾想过放弃。好在我对蔡先生的为人较为了解，知道他不会因此而责怪于我。何琳仪先生曾说过："以今日之我攻昨日之我"，是学术界的正常现象。2018 年 7 月，裘锡圭先生因文中释字错误而宣布发表于2012年的论文《翼城大河口西周墓地出土鸟形盉铭文解释》作废。事实上，蔡先生不仅没有责怪我，还欣然为我提供照片等资料，令人感佩。

　　研究古文字，我可谓半路出家。我本科阶段学的是考古学专业。大学期间，虽上过古文字课，老师教得十分精彩，但我学得无法形容。硕士阶段，因为以先秦钱币作为硕士学位论文选题，只能硬着头皮看一些古文字方面的书，也是一些古文字最基本的书。在中国科学技术大学求学期间，在接受导师王昌燧先生指导之余有幸旁听何琳仪、徐在国两位先生的课，获益良多。博士阶段，我的专业仍是考古学及博物馆学，主攻两周考古。我的学习经历和天赋，或许注定我在古文字方面的学习和研究达不到精深。

到洛阳工作后，得地利之便，我能看到一些未曾著录的铭文铜器。也许是上天注定，冥冥之中便与古文字结下了不解之缘。我生性好奇，父母经常责怪龆年的我喜欢打破砂锅问到底。对于新见的铜器铭文，我有一种莫名的兴奋，且有一种誓将铭文内容搞清楚的决心。奇怪的是，以前翻阅资料，看不了多长时间，就会疲劳困乏。而为了释读铭文查找相关资料时，这种疲劳困乏会一去不返，反而精神抖擞并乐在其中。释读铭文时，虽做不到废寝忘食，但白天查阅资料，晚上仍辗转思考的情形，是经常出现的。

正是因为这些新资料，使我对古文字产生了兴趣。我的第一篇介绍战国铜器铭文的文章《洛阳宜阳县城角村发现战国有铭铜戈》，完成于2003年，发表于《文物》2004年。屈指算来，我从事古文字研究已十又八载。从一个古文字爱好者成长为古文字学者，中间的点点滴滴，记忆犹新。第一篇介绍战国铜器铭文的文章，是在蔡运章先生的指导下完成的。我独立考释古文字的第一篇文章，应该是《王太后左私室鼎铭考略》。仍记得当时将铜鼎铭文中秦国文字与燕国文字区分开后的喜悦，认识到"言"读为毄后的快乐，将"厶"释读为私（旧多释为私、和、相、枂等）、认为"私室"与"私府""私官"的职责相类后的兴奋。这些问题，对于古文字学家是小菜一碟，对于一个刚入古文字之门的学者来说，算得上重要发现。对莆子鼎铭文的考释，我自己较为满意，并将其视为重要成果之一。初次见到莆子鼎铭文，是在2015年前后，当时只能释读"莆子半""高"等字。2019年，当我重新看到鼎铭照片，马上意识到铭文"半"后之字当是容量单位。鼎铭"翌",铜器铭文中首见,不见于《说文》。用"齋"代替"廪",前所未见。最终,我确定"齋"读为"廪";考释出"高翌"即"高翼",为战国时期魏国地名。当意识到自己的进步时,内心的喜悦是溢于言表的。

自己在铜器铭文研究方面能够取得一点成绩,离不开众师友的帮助和鼓励。虽未曾有机会拜谒李学勤先生,但有几篇文章承蒙李先生审阅,如《西汉宣春鼎及其相关问题》《仓端王义鼎铭文考释》等,李先生均提出了很好的修改意见。李先生离开我们已两年有余,先生对后学的提掖,没齿难忘!洛阳市文物考古研究院的蔡运章先生,是我学习古文字的启蒙老师,是他指引我走入古文字研究的殿堂。自己早期考释铜器铭文的一些文章,大都得到蔡先生的指导。在日常工作和学习中,碰到一些难释的古文字,第一时间会向安徽大学的徐在国先生讨教,徐先生都耐心指导。不仅如此,在拙著付梓之前,徐先生又在百忙之中抽出时间为小书作序。博士导师张国硕先生,一直关心我的学业和工作,时时给我帮助。以上种种,特此衷心致谢。南京大学周晓陆先生热情地为拙著作序。在序言中处处可见周先生独到的见解,无不显示他深厚的学术功底。周晓陆先生古道热肠,嘉惠后学,感佩曷似!

洛阳博物馆王绣女士,文物出版社李缙云先生,洛阳收藏家周建亚先生,安徽大学袁金平先生,中国社会科学院考古研究所安阳工作站何毓灵先生,中国国家博物馆丁鹏勃女士,同窗张茂林、石艳艳、程召辉、曹金萍、刘洋、胡洪琼、李清临、凌雪、朱君孝、刘涛、张西峰、郭晓涛、张建文、赵晓军、吴业恒、潘付生、刘继刚等,在工作或生活中给予过我帮助，在此一并致谢！

洛阳理工学院人文与社会科学学院的领导，为我开展科研工作提供条件。洛阳理工学院人文与社会科学学院的同事，关心我的生活，工作中与我互相支持配合。多年的共事，我与他们结下了深厚的友谊。工作中也曾得到洛阳理工学院石念峰、赵学义、贾铁昆、李彬等教授的帮助。领导的支持和同事的关心，给平淡的生活增添了几分亮丽色彩，感谢你们！

特别感谢《文物》《江汉考古》《中国国家博物馆馆刊》《中原文物》等刊物，自己的一些成果能够发表，离不开这些刊物的支持。特别是编辑周艳明、陈丽新、冯峰、刘丁辉等老师，坚持严格的审稿用稿制度，既坚持原则又不失温度。

最后，要感谢我的家人。我的爱人和儿子、父母双亲、岳父岳母、两个姐姐及姐夫、孩子的姨妈和姨父。他们是我的坚强后盾，正是因为他们的支持，我才能克服重重困难，取得一些成绩。

帮助过我的人还有很多，在此表示衷心的感谢！

东汉班固曰："闾里小知者之所及，亦使缀而不忘，如或一言可采，此亦刍荛狂夫之议也。"本书或许就是班固所言的"刍荛狂夫之议"，如有一言被学界所采，幸甚至哉！

由于学识所限，书中的粗疏、错误之处在所难免，恳请批评指正！

刘余力

2021 年 8 月于洛阳